Susanne Niemeyer

Das Weihnachtsschaf

W0094748

Die Autorin

Susanne Niemeyer ist freie Autorin, Kolumnistin und bloggt auf *www.freudenwort.de*. Vorher war sie zehn Jahre Redakteurin bei *Andere Zeiten*. Auf Schreibreisen nach Schweden oder in die Alpen inspiriert sie andere, eigene Geschichten zu erfinden. Von ihrem Schreibtisch in Hamburg hört sie die Schiffe tuten.

Susanne Niemeyer

Das Weihnachtsschaf

24 wunderbare Geschichten

HERDER

FREIBURG · BASEL · WIEN

Neuausgabe 2020

© Verlag Herder GmbH, Freiburg im Breisgau 2016
Alle Rechte vorbehalten
www.herder.de

Umschlaggestaltung: Verlag Herder
Umschlagmotiv: © samiola/iStock/Getty Images

Satz: Carsten Klein, Torgau
Herstellung: GGP Media GmbH, Pößneck

Printed in Germany

ISBN Print 978-3-451-03261-5
ISBN E-Book 978-3-451-82145-5

Inhalt

Liebes Weihnachtsfest,

vierundvierzig Mal haben wir jetzt schon zusammen gefeiert. Ein paarmal gab es Schnee. Wir saßen zusammen in kalten Kirchen. Wir haben zu viel Pute gegessen und später, in vegetarischen Zeiten, den anderen heimlich die Pute geneidet. Wir haben Playmobil aufgebaut, Opas Kiwitorte gepriesen, die Tode der alten Tanten gezählt. Wir haben um echte Kerzen gekämpft, uns dem Konsum verweigert, keine Geschenke verteilt, viele Geschenke verteilt, aber wenigstens alle in Zeitungspapier verpackt. Wir haben nie zusammen Kartoffelsalat gegessen. Wir haben uns in einer dänischen Hütte getroffen – in dem Jahr, als wir vor einem Höchstaufgebot an Engeln geflohen sind. Einmal haben wir sogar zusammen allein gefeiert. Es war still und überraschend. Wir waren Fremde – du in der Welt und ich bei den Schwiegereltern in spe. Wir haben uns im Rhythmus der alten Worte gewiegt. Gemeinsam haben wir auch die längste Predigt tapfer angehört, um dann endlich aufzustehen und aus voller Kehle *O du fröhliche* zu singen. Egal wie schief. Wir haben Milde geübt, uns das Jesusfigürchen in der Krippe angesehen, mit dem ich nie viel anfangen konnte. Aber ich habe ja auch nie mit Puppen gespielt. Wir sind zusammen im Wald gewesen, kurz vor der Dunkelheit, wenn nur noch Vögel und Hasen da waren. Wir haben nach der Stille gegriffen.

Liebes Weihnachtsfest, wir waren nie heil. Die Welt lag im Krieg, ich hatte Liebeskummer. Du kamst trotzdem. Oma starb, Papa starb, du kamst trotzdem. Die Wohnung war nicht fertig, die Kisten waren notdürftig mit Lichterketten geschmückt, du kamst trotzdem. Ich verweigerte mich, ich fand, wir zwei bräuchten mal eine Pause, und du kamst auch dieses Mal trotzdem.

All die Jahre hatte ich den Traum, am Heiligen Abend mit allem fertig zu sein. Aber dann blieben die Fenster doch wieder ungeputzt, die Briefe halb geschrieben, ich war nicht beim Friseur. Die Kekse habe ich auf die Schnelle in den Ofen geschoben und sie kamen irgendwie schiefer als im Kochbuch abgebildet wieder heraus. Die Gedichte blieben ungelesen, das Weihnachtsoratorium habe ich nur beim Abwaschen gehört. Du kamst trotzdem.

Das mag ich an dir. Du setzt meiner Welt deinen Glanz entgegen. Du gehst an Orte, an die ich mich nicht wage. Du bist der Leuchtturm in der Zeit, einer wacht über die Nacht. Lass uns das feiern.

Deine Susanne

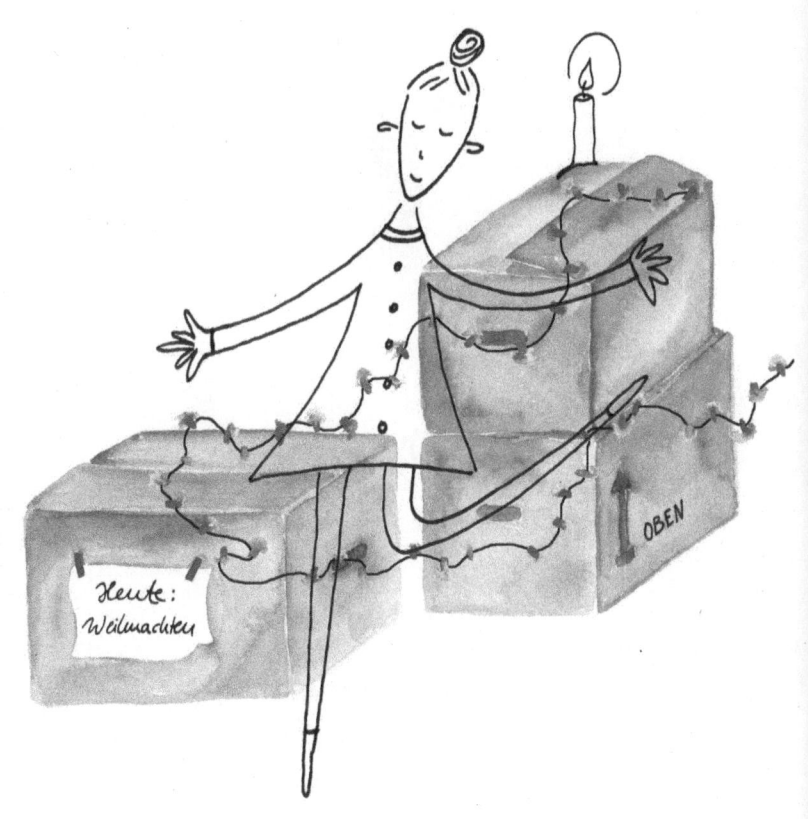

oh du Fröhliche
oh du Selige

Das Weihnachtsschaf

Montag:

Etwas liegt in meinem Essen. Ich komme nichts ahnend aus den Bergen zurück und dann liegt das da in meinem Essen. Es schreit. Das irritiert mich und ich wette, Ihnen würde es genauso gehen. Solche Überraschungen mag ich nicht. Hilda behauptet, es ist ein Mensch. Ich habe schon genügend Menschen gesehen, um sagen zu können, dass das hier nicht wie ein Mensch aussieht. Menschen sind groß, haarig und sie schreien nicht. In der Regel. Der Bauer hat schon mal den Schäfer angeschrien, weil wir sein Grünzeug angeknabbert hatten. Angeblich waren es Möhren. Ich fand das kleinlich. Es war grün. Es sah aus wie Gras. Wie soll man das denn unterscheiden? Jedenfalls war sein Schreien anders. Es kamen Worte vor. Dieses da liegt auf dem Rücken und was aus seinem Mund kommt, sind eindeutig keine Worte. Es scheint auch nicht besonders geschickt zu sein. Warum steht es nicht auf?

Ich stupse ein paarmal meine Schnauze in seine Seite, um ihm zu helfen. Hilda sagt, ich solle bloß aufpassen. Am Ende denkt noch jemand, ich will das fressen. Ich werfe ihr einen empörten Blick zu. Fressen! Als ob ich Fleisch fressen würde. Da kann ich mir ja gleich ins eigene Bein beißen.

Doch man weiß ja nie, wie Menschen ticken. Sie machen hektische Bewegungen. Sie hetzen diesen fürchterlichen Hund auf einen. So ein Hund kläfft, und meistens hat er auch noch Flöhe und dann macht er ein Theater, wenn sein Mensch wiederkommt, als wäre er der König persönlich. Das ist unter eines Schafes Würde.

Dienstag:

Ich habe beschlossen, es vorerst »das Kleine« zu nennen. Bis wir Genaueres wissen. Das Komische an dem Kleinen ist: Es ist rosa. Hilda sagt, es ist eben nackt. Ich frage sie, was das bedeutet. Sie meint, so sei das eben: Menschen kämen nackt auf die Welt. Ich finde das verstörend. Jedes Lamm hat flauschige Locken und steht nach fünf Minuten auf eigenen Beinen. Nachdenklich schüttele ich den Kopf und versuche, ein paar Halme Heu unter dem Kleinen hervorzuziehen. Es lässt mich gewähren. Offenbar hat es sich an mich gewöhnt.

11

Ich habe es nun ein paar Stunden beobachtet. Es gibt zwei große Menschen, die nehmen es hoch und füttern es. Die beiden sehen normal aus, fast wie der Schäfer. Das Kleine unterscheidet sich erheblich von ihnen. Es trägt keine Kleider. Es kann nicht stehen. Es ist nicht der Schäfer und auch nicht der Bauer. Es hat keinen Hund. Also kann es kein Mensch sein. Jedenfalls kein normaler. Ich beschließe, die anderen mit meinen Beobachtungen zu konfrontieren.

Mittwoch:

Hier geht es zu wie beim Scherer. Immer mehr Menschen drängen sich in unseren Stall. Sie wollen das Kleine sehen. Ich frage mich, was es da zu sehen gibt. Überhaupt frage ich mich, was es hier im Stall tut, wenn es doch ein Mensch sein sollte. Menschen haben Häuser. Sogar der Schäfer hat ein Haus. Wir dürfen da nicht rein. Hier dürfen alle rein, ich habe mich bereits beschwert, aber auch der Schäfer hat nur noch Augen für das Kleine. Ich fühle mich vernachlässigt.

Hilda sagt, vielleicht ist es wie wir. Ich frage, wie sie das meine, da es ja offensichtlich nicht wie wir ist. Das müsste jetzt auch das dümmste Schaf begriffen haben. Sie sei ja nicht dumm, erwidert Hilda.

»Vielleicht ist es innen drin wie wir. Friedlich eben.«

Schafe sind sehr friedlich. Von Natur aus. Außer der Ober-Bock, aber das ist eine andere Geschichte. Von unserer Seite spräche jedenfalls nichts dagegen, dass die Wölfe bei den Lämmern liegen.

Donnerstag:

Irgendetwas Besonderes muss an dem Kleinen sein. Jetzt scheint auch noch so ein heller Stern in unseren Stall. Ich habe die Nacht kein Auge zugetan. Der Lärm, die Leute, jetzt das. Ist Ihnen eigentlich klar, wie sensibel so eine Schafsseele ist?

Freitag:

Heute kamen drei Leute von weit her. Sie sahen völlig anders aus als der Schäfer. Ihre Kleider waren bunt und der eine hatte ein sonderbares Ding auf dem Kopf. Hilda sagte, das sei ein Turban. Sie hatten Geschenke dabei. Das nenne ich anständig. Allerdings waren es sonderbare Dinge. Ich weiß ja nicht, was das Kleine braucht. Ein Lamm braucht jedenfalls nicht viel. Aber das kriegt sein Fell ja auch inklusive.

Der eine brachte etwas Glänzendes. Etwas, das ich noch nie gesehen habe, also kann ich nicht sagen, ob es wichtig ist. Für ein Schaf offensichtlich nicht. Sonst würde ich es ja kennen.

Der andere hatte ein Kraut, das er Myrrhe nannte. Es roch schon von Weitem streng. Was der Dritte mitgebracht hatte, erweckte meine Neugier. Es duftete süß. Ich wollte dran knabbern, aber sie scheuchten mich weg.

Samstag:

»Es könnte Gott sein«, sagt Hannes. Es ist das Erste, was er zu der ganzen Sache sagt. Manchmal schweigt

13

er tagelang. Das liegt an seinem Alter. Hannes ist das älteste Schaf im Stall. Er ist weise.

»Was ist Gott?«, frage ich.

»Der Weltenbeweger«, sagt Hannes. Ich schaue das Kleine an. Undenkbar, dass es etwas bewegen kann. Es kann ja nicht mal den Platz in meiner Krippe räumen.

»Was bewegt er?«

»Er macht die Herzen mild.«

Hannes sagt immer Sachen, die keiner versteht. Ich versuche, logisch zu bleiben. »Kann er einen beschützen?«, frage ich und denke an den Wolf. Hannes nickt. Das wäre ein Pluspunkt. »Auch vor dem Mann mit dem großen Laster?« Hannes betrachtet das Kleine eine Weile. Dann wiegt er den Kopf. »Eher nicht.«

Wäre ja auch zu schön gewesen.

»Hast du Gott schon mal gesehen?« Hannes nickt wieder. Ich staune über seine Erfahrung. »Dann wirst du ihn doch wiedererkennen. Sah er so aus?«

»Anders.«

»Lag er im Essen?« Hannes verneint. Ich sehe keinen Zusammenhang zwischen jenem Gott und diesem Kleinen.

Ich puste ein bisschen warme Luft an seine Füße. Vielleicht mag es das, egal, was es ist.

Sonntag:

Die Leute haben sich mittlerweile häuslich eingerichtet. Unsere Krippe können wir vergessen. Sie kümmern sich sehr um das Kleine. Es scheint wichtig zu sein.

»Wenn es uns nicht vor dem Mann mit dem Lastwagen beschützen kann, wozu ist es dann da?«, frage ich Hannes.

»Für nichts.«

»Dann ist es sinnlos.«

»Wofür bist du da?«

»Zum Essen«, blökt Hilda. Ich werfe ihr einen strafenden Blick zu. Sie ist so vulgär.

»Ich brauche für nichts da zu sein. Ich bin ein Schaf.«

»Eben«, brummt Hannes. »So könnte es mit dem da auch sein.«

»Wie meinst du das?« Der Schäfer ist da, um Heu zu bringen. Der Bauer ist da, um Heu zu machen. Der Mann im Lastwagen hat seinen Beruf verfehlt. Menschen sind für etwas da, oder?

»Es braucht für nichts da zu sein. Es ist Gott. Es ist da.«

Sieh an, denke ich. Vielleicht sind wir einander doch näher, als ich dachte.

Christ

der Retter

ist da

Schnaps und Kartoffelsalat

Als Opa ins Heim zieht, haben alle ein schlechtes Gewissen. Ich nicht. Opa guckt wie immer. Er packt seine Bücher in drei Kisten und legt das Buddelschiff obendrauf. »Wir können gehen«, sagt er, und Mama seufzt. Mama seufzt viel in letzter Zeit. Ich glaube, Opa geht das auf die Nerven.

»Ach, Vati«, sagt sie, »wenn wir dich nur zu uns nehmen könnten. Aber du weißt, wie eng es bei uns ist ...«

»Passt schon«, brummt Opa und zündet sich eine Zigarette an, die Mama ihm sofort entreißt.

»Sei nicht so unvernünftig! Das ist der sichere Tod für dich!«

»Nichts ist so sicher wie der Tod. So oder so.«

Mama will das nicht hören.

Das Heim ist ein gelbes Haus. Vor dem Eingang stehen zwei Bänke, links eine und rechts eine. Ich reserviere in Gedanken schon mal die linke für Opa und mich. Dann gehen wir rein. Drinnen begrüßt uns eine Frau. Mama sagt, das ist eine Pflegerin. Opa will sein Zimmer sehen. Wir gehen ins zweite Stockwerk, weil Opa sich weigert, den Fahrstuhl zu benutzen. »Meine Beine funktionieren noch!«

Es gibt ein Bett, einen Sessel, einen Tisch mit Häkeldecke, einen Fernseher und ein Katzenbild, das mich an die Kalender erinnert, die immer in der Apotheke liegen. Es riecht ein bisschen komisch. Opa geht zur Wand, nimmt das Bild ab und drückt es der Pflegerin in die Hand. »Ich mag keine Katzen.«

»Aber Vati«, beeilt sich Mama zu sagen, »natürlich magst du Katzen.« Dann dreht sie sich zur Pflegerin um und lächelt entschuldigend: »Lassen Sie mal, das passt schon.«

»Katzen haben mir noch nie gefallen«, brummt Opa, und das stimmt. Alle mögen Katzen, nur Opa nicht.

»Ist doch egal«, zischt Mama. Mir wäre das nicht egal. Wenn jemand zum Beispiel Pferdeposter in mein Zimmer hängen wollte, würde mich das stören. Pferdeposter sind Mädchenzeug.

Opa hört schon nicht mehr zu. Er hat den Fernsehstecker aus der Wand gezogen und versucht, das klobige Gerät hochzuheben.

»Herr Klöckner«, ruft die Pflegerin entsetzt, »was machen Sie denn da?« Opa würdigt sie keines Blickes.

»Ich habe meinen Lebtag noch nicht ferngesehen, also werde ich auch hier nicht damit anfangen.« Wahrscheinlich könnte er etwas netter sein. Man merkt erst, wie nett Opa ist, wenn man ihn länger kennt. Die Pflegerin kennt ihn eindeutig zu kurz. Deshalb herrscht sie ihn an:

»Sie können den nicht einfach rausstellen. Der gehört zum Inventar!« Ich würde ihr am liebsten sagen, dass Opa es nicht mag, wenn man ihn anherrscht, aber Mama wirft mir einen strengen Blick zu, sodass ich lieber schweige. Opa lässt sich nicht beirren und hievt den Fernseher auf den Flur.

»Ist das hier jetzt mein Zimmer oder nicht?«

Mama zieht ihn weg. »Wir essen erst mal ein schönes Stück Kuchen.«

Wir liefern Opa im Speisesaal ab und fahren nach Hause.

Zwei Tage später besuche ich Opa. Die Pflegerin guckt komisch, als ich sage, dass ich zu Herrn Klöckner möchte.

»Warum hat die so komisch geguckt?«, frage ich Opa, als wir allein sind.

»Wahrscheinlich, weil ich ihr Grünzeug nicht will«, brummt er. Es ist Advent. Jedes Zimmer bekommt ein Gesteck. Opa hat seines aus dem Fenster geworfen.

»Das sah aus wie bei meiner eigenen Beerdigung«, sagt er und kichert. Damit ist die Sache für ihn erledigt.

Ich muss auch ein bisschen kichern, obwohl ich ahne, dass Mama das nicht lustig fände. Seitdem heißt es: Herr Klöckner ist renitent. Ich weiß nicht, was das ist, und Opa erklärt mir, dass das auch nichts macht, weil es ohnehin Quatsch ist. »Nur weil ich so'n Gedöns nicht will. Hast du Zigaretten?« Ich nicke. Opa setzt sich ans Fenster und raucht. »Darf man auch nicht«, sagt er und zuckt mit den Schultern. Ich wundere mich, dass man so viele Sachen nicht darf. Bisher dachte ich immer, je älter man wird, desto mehr darf man. Hier scheint das Gegenteil der Fall zu sein. Ich beschließe, später genauer darüber nachzudenken.

Als ich Opa das nächste Mal sehe, wirkt er bedrückt: »Fehlt dir was?« Opa schüttelt den Kopf: »Im Gegenteil. Ich will einfach nur meine Ruhe. Andauernd kommt wer und will Weihnachtslieder singen oder Gymnastik machen. Ich will hier sitzen und Radio hören.«

Ich kann das verstehen. Mama nicht.

»Ich mache mir Sorgen«, sagt sie beim Abendessen, und ihre Stirn ist gefaltet. »Das Heim hat angerufen. Vati nimmt an nichts teil. Nicht mal Strohsterne basteln will er.«

Ich kann mir Opa nicht beim Basteln vorstellen. Papa nuschelt irgendwas und belegt sehr konzentriert sein Brot mit Salamischeiben.

Fünf Tage vor Weihnachten hat Opa es geschafft, alles zu verweigern. Die Strohsterne, das Krippenspiel der Kita, die Adventsandacht der evangelischen Kirche, die Adventsandacht der katholischen Kirche, die meditativen Tänze (auch im Sitzen mitzumachen) und den Vorleseabend einer unbekannten Literatin im Ruhestand. Er wird als depressiv eingestuft. Ich finde, Opa ist wie immer. Wenn ich komme, sitzt er am Fenster und raucht. Ich spiele mit seinen Schachfiguren und freue mich, dass Opa der einzige Mensch auf der Welt ist, der nicht nach meinen Hausaufgaben fragt.

Dann kommt Weihnachten. Mama beschließt nach langem Hin und Her, Opa vor der Kirche aus dem Heim abzuholen und nach der Wildente zurückzubringen. »Mehr schaffst du nicht. Das erschöpft dich zu sehr.« Ich finde, Opa wirkt nicht erschöpft. Mama sagt, das könne ich nicht beurteilen.

Opa schnaubt: »Wildente. So ein Schnickschnack! Ich will Kartoffelsalat und einen Schnaps!«

Mama erklärt ihm, dass Schnaps nichts für 92-Jährige sei und dass er sich in seinem Alter jawohl was Besseres als Kartoffelsalat gönnen könne, worauf Opa ruft, das wolle er gar nicht, worauf Mama ruft, Opa sei stur.

Am Heiligen Abend ist Opa weg. Als Papa ihn um fünf Uhr abholen will, ist sein Zimmer leer. Er kehrt unverrichteter Dinge zurück. Mama schimpft, nicht mal die einfachsten Aufgaben könne man ihm übertragen, ob er auch überall geguckt habe.

»Wie soll man denn bitte in einem 12-Quadratmeter-Zimmer einen ausgewachsenen Menschen übersehen?«

Mama schnappt sich den Autoschlüssel und faucht: »Wenn man nicht alles selber macht!« Ich fahre mit.

Opa ist tatsächlich nicht in seinem Zimmer. Außer ihm fehlen Herr von Reger, Herr Krummbiegel, Herr Schorschendorf und Frau Wittmüller. Seit dem Kaffee um 15 Uhr hat sie niemand mehr gesehen. Da Frau Wittmüller nur mit einem Rollator vorankommt, können sie nicht weit gekommen sein.

Wir laufen zunächst zu der nahegelegenen Kirche. Dort findet gerade die Familienweihnacht statt. Ich sehe keinen Grund, warum Opa freiwillig an einem Kindergottesdienst teilnehmen sollte, sage jedoch nichts. Als die Leute zum Glockengeläut herausströmen, ist Opa nicht dabei. Die anderen sind es auch nicht. Wir sehen auf dem Friedhof nach, weil die Pflegerin meint, dass alte Menschen an solchen Tagen gern melancholisch werden. Der Friedhof liegt still und verlassen da. Mittlerweile ist es fast sieben. »Die Ente ist längst zäh«, schimpft Mama. »Was hat dein Großvater sich nur dabei gedacht!« Wenn sie Opa Großvater nennt, ist es ernst. Ich wende ein, dass Opa sowieso keine Ente wollte, woraufhin Mama mir einen so bösen Blick zuwirft.

Mittlerweile sind alle Krankenhäuser benachrichtigt. Die Polizei hat eine Vermisstenmeldung aufgenommen. Vorsichtshalber gehen wir zum Mühlbach. Ich kann mir nicht vorstellen, wie fünf erwachsene Menschen gleichzeitig im knietiefen Wasser ertrinken.

Ratlos und erschöpft gehen wir durch die Stadt zurück, Mama und ich, zwei Pflegerinnen und der katholische Pfarrer, der eigentlich eine Messe feiern wollte, zu der jedoch niemand erschien. Hinter den Fenstern blitzen Weihnachtsbäume. Da höre ich Gelächter und ein Lachen, das ich unter Tausenden heraushören würde. So lacht nur Opa. Wir stehen vor »Kunos Eck«. Es sieht wenig vertrauenserweckend aus, das erkenne sogar ich. Im Fenster blinkt ein Stern abwechselnd rot, blau und grün. Drei halbe Hähnchen drehen sich an Spießen.

Sie sitzen auf Barhockern, keine Ahnung, wie sie da raufgekommen sind. In ihrer Mitte eine riesige Portion Kartoffelsalat. Ihre Backen glühen. Sie prosten sich zu und lachen. Ich gucke zu Mama. Wir haben jetzt die Wahl: hineingehen und Weihnachten feiern oder Opa herausholen und Weihnachten fällt aus. Wir gehen hinein.

In jenem Moment weiß ich es noch nicht, aber dieses Weihnachten wird unser letztes gemeinsames sein. Und das Einzige, das in meiner Erinnerung nicht in einem besinnlichen Lichtermeer verschwimmt.

Weihnachtsduft
in jedem Raum

Gott auf dem Weihnachtsmarkt

»Chef«, ruft der erste aller Engel schon zum zehnten Mal, dabei hat der Tag gerade erst begonnen. Dem Allmächtigen schwant nichts Gutes. Und wie immer in seiner grenzenlosen Voraussicht hat er recht.

»Hier ist noch eine Einladung!«

»Wer ist es diesmal?«, stöhnt Gott, der sowohl die Einladung der Vereinigung internationaler Strohsternhersteller als auch das Treffen mit der Liga zum Erhalt der deutschen Tanne abgelehnt hat.

»Es ist der Vorsitzende der Weihnachtsmarktbeschicker«, ruft der Engel, sodass es durch die Himmel schallt.

Nächste Woche beginnt der Advent. Es herrscht Hochkonjunktur. Jeder will etwas: Weltfrieden, Schnee, eine Playstation.

»Was will er?«

»Er will eine Strategie zur Popularitätssicherung des Weihnachtsfestes besprechen. Die Leute sind seiner Erkenntnis nach weihnachtsmüde. Es braucht eine Modernisierung. Wir sollten da an einem Strang ziehen.«

Gott runzelt die Stirn: »Und wie soll das geschehen? Erwartet er, dass ich ein paar Wunder vom Himmel werfe, oder bequemt er sich, zu mir zu kommen?« Die Stimmung ist ein wenig gereizt.

»Das nun nicht. Der Weg wäre ihm doch zu beschwerlich. Gerade in der Weihnachtszeit ist er sehr beschäftigt!«

»Das bin ich auch! Schließlich ist es mein Fest ...«

Der Engel lässt sich nicht beirren: »Aber er lädt Euch, Chef, zu einem persönlichen Rundgang auf einem Prädikatsweihnachtsmarkt ein. Damit Ihr Euch ein Bild machen könnt.«

»Schreib ihm, das kann er vergessen!«

Der erste aller Engel wäre nicht der Erste, wenn er sich damit abspeisen ließe: »Chef, vielleicht wäre das eine gute Gelegenheit, mal wieder auf der Erde vorbeizuschauen. Es ist ja schon wieder eine Weile her ...« Der leise Vorwurf in seiner Stimme lässt sich nicht überhören. Gott seufzt. Er seufzt viel dieser Tage. Zwar lässt er sich ungern von einem Engel belehren, doch in diesem Fall mochte etwas dran sein. Ein Besuch auf der Erde könnte nicht schaden. Und einen Weihnachtsmarkt hat er bislang noch nie besucht. Vielleicht ist das ja etwas Gutes, wenngleich sich nach seiner offenbar unmaßgeblichen Meinung Weihnachten und Markt ausschließen. Sei's drum. »In der Not könnt ihr mich anrufen«, hat er versprochen.« Und die Weihnachtsmarktbeschicker scheinen sich ja in einer Art Notlage zu befinden.

Am 1. Advent steigt Gott zur Erde hinab. Es ist mild, die Sonne schickt ihre letzten Strahlen und der Allmächtige kommt wieder einmal nicht umhin festzustellen, was für einen schön anzusehenden Planeten er da geschaffen hat.

»Grüß Gott!« Ein mittelalter Anzugträger, auf dessen Krawatte grün-rote Weihnachtsmänner leuchten, erwartet ihn. Gott runzelt die Stirn nach dieser offenkundigen Zurschaustellung seines Kontrahenten. Das fängt ja gut an. »Hätte es nicht wenigstens ein Nikolaus sein können?«, eröffnet er das Gespräch.

»Ach«, ruft der Mann und klopft ihm jovial auf den Rücken. »Nikolaus, Weihnachtsmann, das kann ja doch keiner mehr unterscheiden. Wir sind immer für die Vereinfachung.«

Er beugt sich zu Gott hinüber. »Das verkauft sich besser! Schön, Sie endlich einmal kennenzulernen. Schließlich sind Sie so etwas wie mein Seniorpartner. Haha!«

Der Allmächtige sieht das entschieden anders, beschließt in seiner grenzenlosen Weisheit jedoch, sich zurückzuhalten. Mit Zornesausbrüchen hat er in der Vergangenheit schlechte Erfahrungen gemacht.

»So, dann wollen wir mal! Ich bin übrigens der Dietmar.« Dietmar hakt Gott unter. »Schauen Sie sich nur um. Ist es nicht schön? Ist es nicht heimelig? Ach. So liebe ich den Advent!« Gott schaut sich um. Er sieht erwachsene Menschen mit roten Zipfelmützen, an denen Glöckchen bimmeln. Er sieht Schafskäse in Fladenbrot für drei Euro achtzig und Kochlöffel aus Olivenholz. Mit etwas Wohlwollen kann man immerhin einen gewissen Bezug zum Heiligen Land erkennen. Aber was hat der Glühwein mit Weihnachten zu tun? Gott kramt in seiner Erinnerung, kann jedoch in der ganzen Geschichte keine Quelle dafür finden. »Warum trinken die Leute das? Es ist ja nicht einmal kalt.«

»Ja, Eure Heiligkeit, oder wie soll ich Sie anreden? Machen wir's doch unkompliziert, so unter Kollegen, ich sage einfach Gott. Jedenfalls sind wir da gleich beim ersten Thema. Wir brauchen mehr Schnee. Sehen Sie, die Leute trinken auch so unseren Glühwein, aber sie tun es murrend. Schnee macht es weihnachtlicher. Und die Leute wollen es weihnachtlich. Sie haben da in der Vergangenheit nachgelassen. Früher war mehr Schnee. Das bestätigt Ihnen jeder. Schauen Sie sich nur mal die Weihnachtsbücher an. Da schneit es immerzu. Also: Bis wann können Sie liefern?«

»Ich bin nicht zuständig für Schnee«, antwortet Gott entschuldigend. Mehr fällt ihm nicht ein.

Dietmar zieht ihn schon weiter. »Wie Sie das intern lösen, überlasse ich Ihnen. Sagen wir zum 2. Advent zehn

Zentimeter? Zu viel wäre auch nicht gut, dann gehen die Leute nicht mehr vor die Tür.«

Sie passieren eine Grünkohl-, eine Schmalzkuchen- und eine Weihnachtsmatjeshütte. Vor einem überdimensionalen Schlitten hält Dietmar an. Eine leicht bekleidete Frau mit reichlich Federn am Körper steht darauf und singt. Sterne blinken im Rhythmus. Gott kneift die Augen zusammen: »Das arme Ding! Hat sie denn keinen Mantel?«

»Das ist unsere Katharina, ein Engel.«

»Nicht dass ich wüsste.«

»Haha«, lacht Dietmar. »Sie sind mir ein echter Scherzkeks. Bleiben wir ernst. Wir brauchen nämlich dringend neue Lieder. ›Last Christmas‹ kann keiner mehr hören und Ihre sind auch nicht besser. Immer nur ›Stille Nacht‹, das geht nicht. Das will doch keiner. Die Leute wollen feiern, verstehen Sie? Wir brauchen etwas Fröhliches, etwas Eingängiges. Gern mit Romantik, aber nicht zu viel. Ich sag mal: Schmiss sollte es schon haben. Der Text ist übrigens egal.«

Gott will einwenden, dass der Advent doch eine eher ruhige Zeit ist, in der man sich vorbereiten kann auf das Fest der Feste. Aber Dietmar zieht ihn schon wieder weiter. »Bis wann können Sie liefern? 3. Advent? Wir bringen das ganz groß raus. Gern auch mit Hinweis auf Sie. Ein bisschen Publicity kann Ihnen doch auch nicht schaden, oder?« Er dirigiert Gott zu einem Stand voller Wollsocken. Daneben werden Fußballfanartikel feilgeboten und Schneekugeln mit Märchenfiguren. »Was soll das alles hier?«, fragt Gott. »Was hat das alles mit Weihnachten zu tun?«

»Darauf wollte ich auch schon zu sprechen kommen. Diese Könige. Das ist ja eine schöne Sache, dass die Geschenke bringen. Da lässt sich doch was draus machen. Nur warum um alles in der Welt sind das so wunderliche Dinge? Gold lasse ich mir ja noch gefallen, aber wer weiß denn schon, was Myrrhe ist? Und Weihrauch kann, mal abgesehen von Ihren Priestern, heute auch keiner mehr brauchen.«

Dietmar schiebt Gott Richtung Eierpunsch. »Wie wäre es, wenn wir das ändern? Wenn wir das einfach etwas an die Zeit anpassen? Gold, Bratwurst, Mistelzweig. Oder Smartphone, Gutschein, Tagescreme. Das klingt doch auch sehr schön. Schwibbögen gingen ebenso, das überlasse ich Ihnen. Nur verkäuflich muss es sein. Zwei Eierpunsch bitte!«

»Sie meinen«, beginnt Gott und kneift die Augen zusammen, in der Hoffnung, etwas klarer zu sehen, »Sie meinen, ich soll die Weihnachtsgeschichte ändern?«

»Ist doch eine Kleinigkeit für Sie«, lächelt Dietmar. »Prost!« Er pustet in seine Tasse und ein Schwall Eierpunschgeruch trifft Gott. »Und wo wir schon dabei sind«, fährt er fort, »ich hätte da noch ein paar weitere Anregungen. Romantik. Wir brauchen mehr Romantik. Gerade in der Weihnachtszeit. Die Werbung macht es vor, Sie sollten da nachziehen. Machen Sie doch so eine Bachelorgeschichte daraus. Wie die Maria ihren Josef kriegt. So was zieht. Auf den Stall bräuchten Sie gar nicht zu verzichten. Der hat was Rustikales. Nur das Kind, das sollten wir weglassen. Geben wir den beiden ein bisschen Zeit. Lassen wir sie ihr Glück genießen!«

»Sie meinen, ich soll Jesus weglassen?«

»Genau. So heißt doch auch heute kein Mensch mehr.« Dietmar leert seine Tasse mit einem großen Schluck. »Und ein Letztes noch: Legen Sie Ihren Totensonntag etwas nach vorn. Sagen wir September. Gestorben wird doch eh immer. Aber unseren Markt, den würden wir gern im Oktober beginnen. So, jetzt muss ich los zu meiner Tombola. Vielen Dank für Ihre Kooperation. Hier, ein Paradiesapfel für Sie. So schmeckt der Himmel auf Erden!«

Dunkelheit senkt sich sanft über die Buden und irgendwo singt ein Kind *O du fröhliche*. Es klingt schief.

Oh Heiland
reiß die
Himmel auf

Was ich mich frage

Verzeihen Sie, darf ich mich setzen? Wissen Sie, die Sache mit Weihnachten, die kriege ich einfach nicht zusammen. Nein, nein, ich gehöre nicht zu den Weihnachtshassern. Ich langweile Sie nicht mit einem Schwall Konsumkritik. Das will doch heute sowieso keiner mehr hören. Und gegen eine krosse Gans habe ich auch nichts einzuwenden, höchstens aus grundsätzlichen Erwägungen, Mast und Billigproduktion, Sie wissen schon. Aber nicht wegen Weihnachten. Ich bin kein Kartoffelsalattyp. Den kann man das ganze Jahr essen. Kartoffelsalat zu Weihnachten erinnert mich immer an eine Grillparty. Da möchte man gleich eine

Dose Bier aufmachen und alles Feierliche ist weg. Und das soll es doch sein, das Weihnachtsfest: feierlich. Die Leute machen es sich zu Hause so richtig schön gemütlich. Das Tafelsilber wird rausgeholt oder zumindest ein paar Servietten, je nachdem, in welcher finanziellen Liga Sie spielen. Gut, vielleicht verpönen Sie Servietten wegen der Umwelt, vielleicht dekorieren Sie den Tisch mit Tannenzapfen und allerlei Kompostierbarem, aber Fakt ist doch: Sie wollen es sich schön machen. Sie wollen es feierlich haben. Oma legt ihre Perlenkette an und Sie bügeln Ihrem Gatten das Hemd. Ich wette, Sie wischen am Heiligmorgen den Boden noch mal gründlich.

Ich frage Sie: Ist das nicht sonderbar angesichts einer Geburt, die in einem Stall stattfand? Ich meine: Waren Sie schon mal in einem Stall? Erstens stinkt es dort und zweitens ist es zugig. Selbst wenn wir annehmen, dass der Allmächtige vor Marias Niederkunft noch mal kräftig ausgemistet hat: Es ist nicht romantisch. Und wenn, dann nur aus der Ferne. Wenn man nicht selbst dabei ist. Kein Mensch, der bei Sinnen ist, würde rufen: »Nächstes Jahr wieder im Stall, weil's so schön war!«

Nee. Da trifft man sich doch lieber in Omas Wohnzimmer. Da ist es gemütlicher.

Was, wenn Weihnachten gar kein gemütliches Fest ist?

Der Allmächtige hätte seinen Sohn ja auch in einer Dreizimmerwohnung mit Zentralheizung das Licht der Welt erblicken lassen können. Hat er aber nicht. Oder warten Sie, darüber besteht gar keine Klarheit. Keine Sorge, ich will jetzt gar nicht die Historizität der Weihnachtsgeschichte infrage stellen. Darüber können wir uns ein anderes Mal unterhalten. Wenn Sie möchten? Nein, worauf ich hinaus will, ist, dass die Bibel ja selbst nicht sicher ist. Matthäus lässt den Heiland in einem Haus zur Welt kommen. Kein Stall weit und breit. Davon erzählt nur Lukas. Als Einziger. Ist doch komisch, oder? Ich meine jetzt nicht, komisch, dass die beiden sich widersprechen, das kann schon mal vorkommen, sie waren ja nicht dabei, sondern komisch, dass wir uns in unseren Bildern und Liedern für die prekäre Version entscheiden. Kind in Krippe. Kein Zuhause. Niemand hilft. Nur der Stern scheint hell. Ist wohl irgendwie rührender, obwohl ich das gar nicht so rührend finde, wenn man bedenkt, an welchen Orten auch heute Kinder geboren werden. Da ist so eine Krippe dann eventuell wirklich der gemütlichere Ort.

Die stellen wir dann unter den Tannenbaum, weil das die Uroma doch auch schon immer so gemacht hat. Damals, im Erzgebirge.

Ich frage Sie: Hat das nicht etwas Zynisches, wenn wir uns das Elend in Miniatur ins Wohnzimmer stellen, während wir uns gleichzeitig ein Stück Gänsekeule in den Hals schieben?

Entschuldigung, ich wollte Ihnen nicht zu nahe treten. Sie haben natürlich recht, Ihr Wohnzimmer ist Ihre Privatsache. Ich versuche nur, den Zusammenhang zu finden.

Ein Zimtstern für Sie? Ach, Sie wollen noch nicht, wir sind noch nicht im Advent. Sie essen vorher kein Weihnachtsgebäck. Kein Spekulatius im September, sagen Sie. Verstehe. Auch wenn ich nicht so recht verstehe, was ein Zimtstern mit unserem Heiland zu tun hat. Meines Wissens ist da nichts überliefert. Sie wollen sich die Vorfreude nicht verderben? Ja, die Weihnachtsfreude kommt mit zunehmendem Alter etwas abhanden. *Einmal werden wir noch wach ...* das ist für Erwachsene der größtmögliche Horror, weil noch so viel zu erledigen ist. Da freut man sich schon mal auf einen Zimtstern.

Sie fühlen sich veralbert? Das wollte ich nicht. Sehen Sie, ich bin der Letzte, der religiöse Gefühle verletzen möchte. Allerdings sollten Sie Ihren Zimtstern dann doch lieber jetzt genießen. Ich meine, aus religiösen Gründen. Der Advent ist ja eine Fastenzeit. Damit man sich nüchtern aufs Fest vorbereiten kann. Ein voller Bauch meditiert nicht gern.

Sehen Sie, deshalb habe ich eben meine Schwierigkeiten. Wie man das alles zusammenbringt.

Ich mache es zu kompliziert, meinen Sie? Warten Sie, ich hätte eine Idee. Wie wäre es damit: Man feiert ein Genussfest im Januar. Da ist es noch dunkel genug und Schneefall ist auch wahrscheinlicher. Die Voraussetzungen für Gemütlichkeit sind also gegeben. Einen eingängigen Namen müsste man sich noch einfallen lassen. Aber das gelingt schon, bei Halloween hat das auch geklappt. Dann kann man Weihnachten einfach

Weihnachten feiern. Keine Geschenke, kein Menü, kein Champagner, kein Stress. Nur Weihnachten.

Sie finden mich moralisch. Ich ahnte es. Nichts ist weniger unterhaltsam als ein moralischer Mensch. Sie sagen, ich solle es doch einfach so sehen: Weihnachten werde die Liebe geboren (in Gestalt unseres Heilandes, dem könne ich doch wohl zustimmen) und aus Freude darüber schenken wir uns eben etwas. Wie die Könige. Womit wir übrigens wieder im Januar wären, aber das nur nebenbei. Das klingt auf den ersten Blick ja auch ganz gefällig. Aber diese Könige, die kamen, weil sie annahmen, einen noch größeren Herrscher zu finden. Jemanden, der wichtiger ist als sie selbst. Dem brachten sie das Wertvollste, was sie hatten. Ich schätze, das ist nicht der Grund, warum Sie Tante Ilse Nordic-Walking-Stöcke schenken.

Jetzt werde ich persönlich, sagen Sie. Ich versichere Ihnen, ich habe höchste Achtung vor Ihrer Tante. Und Sport ist immer eine gute Idee. Besonders nach Weihnachten. Zimtstern?

Sehet das Kindlein
uns zum Heil geboren

Auf der Flucht

Lieber Gott,

ich schreibe dir, damit du weißt, wo ich bin. Zu Hause findest du mich nämlich nicht mehr. Wir mussten weg. Aber du brauchst dir keine Sorgen zu machen: Mama und Papa sind bei mir.

Sie hatten schon Tage vorher miteinander getuschelt. Ich glaube, sie dachten, ich höre sie nicht. Natürlich habe ich sie gehört und ihre Gesichter habe ich auch gesehen. Sie waren ganz zerfurcht und manchmal sah es aus, als hätten sie geweint. Sie machten mir Angst. Eltern weinen nicht.

Dann ging alles sehr schnell. Mama hat mir gesagt, wir müssten jetzt weglaufen. Ich solle ein tapferer kleiner Junge sein. Ich wollte wissen, warum, wir hatten doch niemandem etwas getan. Mama erklärte, es gäbe böse Menschen, denen sei es egal, ob jemand etwas getan habe oder nicht. Sie fürchten um ihre Macht und deshalb tun sie so, als seien sie stark. Solche Menschen wollten mich umbringen. Und nicht nur mich: alle kleinen Kinder. Kannst du dir das vorstellen? Ich verstehe nicht, warum man Kindern etwas zuleide tun will. Das darf man doch nicht! Ich wünschte, du würdest denen das sagen. Auf dich würden sie doch wohl hören, oder?

Mama hat unsere Sachen zusammengepackt. Viel mitnehmen konnten wir nicht, denn wir würden zu Fuß unterwegs sein, und ich bin noch zu klein, um etwas zu tragen. Sogar mein Bettchen mussten wir zurücklassen und Papas Sessel auch und unseren Kater Rex. Kannst du ihn mal füttern?

Mama und Papa haben sich von niemandem verabschiedet, nicht mal von unseren Nachbarn, die uns so oft Äpfel brachten. Sie haben auch einen kleinen Sohn, er heißt Johannes. Kennst du ihn? Wir hätten Freunde werden können. Als Mama Papa fragte, wann wir wohl wiederkommen, hat er nur traurig geguckt.

Dann schlichen wir uns aus dem Haus. Alles sah aus wie immer, als wären wir einfach ins Bett gegangen. Auf dem Tisch stand ein Teller mit Keksen. Im Kamin war noch Glut. Über dem Stuhl die Jacke, auf der Bank Mamas Nähzeug. Es war spät. Normalerweise muss ich da schon längst schlafen, doch in dieser Nacht war alles anders. Papa schloss die Tür ab und wir gingen leise durch den Garten. Das Tor quietschte ein bisschen. Der Mond schien, aber nur manchmal, und Papa sagte, das sei ein Glück. So konnte uns keiner sehen. Hast du uns gesehen?

Wir schlichen durch die Straßen. Hinter manchen Fenstern brannte noch Licht. Es war sehr still, der Sand knirschte unter unseren Schuhen, manchmal schlug ein Hund an und Mama zuckte zusammen. Papa zog sie weiter. Sie gingen schnell, ein paarmal stolperte Mama, ich fing an zu wimmern, weil ich das alles nicht verstand und in mein Bett wollte.

Mama meinte, ich müsse leise sein, und ich habe mich angestrengt und fast gar nicht geweint. Obwohl mir die ganze Zeit zum Weinen zumute war und ich glaube, Mama auch. Erst später, als ich Hunger bekam, konnte ich es nicht mehr aushalten, aber da waren wir schon raus aus der Stadt. Wir setzten uns einen Moment ins Gras und Mama gab mir kalten Gries.

Dann kamen wir ans Meer. Am Tag war ich schon öfter dort gewesen. Nachts ist es anders. Groß und unheimlich sah das Meer aus. Keine einzige Möwe schrie und man hörte auch sonst nichts. Nur das Schwappen der Wellen. Mama stapfte durch den Sand, Papa trug mich hinter ihr her. Er keuchte in mein Ohr. Dann öffnete sich vor uns ein Schilfgürtel. Darin lag ein Boot. Auf einmal waren überall Leute. Schon wieder musste alles schnell gehen. Jeder bekam eine Rettungsweste, sogar ich, obwohl ich noch so klein bin. Papa sagte, das muss so sein, damit niemand ertrinkt, wenn er ins Wasser fällt. Hast du eine Rettungsweste, lieber Gott?

Es waren schon so viele Leute in dem Boot, dass ich dachte, da passen wir gar nicht mehr rein. Mama wollte plötzlich nicht mehr in das Boot, denn sie kann nicht schwimmen. Sie schrie und ich bekam noch mehr Angst, trotz der Rettungsweste.

Jemand hievte uns hoch. Das Boot war nicht besonders groß. Es gab nicht mal ein Dach. Mama drückte mich so fest an ihre Brust, dass ich fast keine Luft mehr bekam.

Bist du schon mal Boot gefahren, lieber Gott? Es schaukelt ganz doll. Zwei Leute fielen ins Wasser. Sie gingen einfach unter, trotz der Westen. Wir konnten sie nicht mehr sehen, und der Mann am Steuer brüllte, wir hätten keine Zeit. Der Mann brüllte dauernd. Wir wurden nass. Von den Wellen und vom Regen, und es wurde sehr kalt. Ich habe am ganzen Körper gezittert und Mama auch. Aber untergegangen sind wir nicht. Zum Glück. Papa hat zu dir gebetet, hast du ihn gehört? Vielleicht hast du seine Stimme nicht gleich erkannt, weil so viele Leute gebetet haben, sie haben durcheinandergeschrien, es war bestimmt schwer zu verstehen. Ich kann dir sagen, dass eigentlich alle das Gleiche gerufen haben, nämlich, dass du uns retten sollst. Wahrscheinlich wolltest du das sowieso.

Als es hell wurde, sahen wir Land. Mama küsste mich und dann Papa und dann wieder mich. Am Strand liefen

Leute auf uns zu, die wir nicht verstanden. Sie hatten Decken dabei und Tee, und obwohl ich sonst keinen Tee trinke, tat er gut, denn er war heiß.

Dann schlief ich ein.

Seitdem sind viele Tage vergangen. Hast du sie gezählt, lieber Gott?

Wir wohnen jetzt in einem Haus mit vielen anderen zusammen. Dort haben wir ein Zimmer für uns, das ist winzig klein. Ich habe ein halbes Bett und einen ganzen Teddy. Ist der von dir? Eines Tages saß er einfach vor der Tür. Er ist fast so gut wie Rex.

Papa sagt, wir dürfen hier so lange bleiben, bis uns keiner mehr was Böses tun will. Dann gehen wir zurück in unser Zuhause. Vielleicht kannst du so lange darauf aufpassen? Aber nur, wenn es dir nicht zu viel wird, sonst pass lieber auf uns auf und auf die anderen Leute auch. Mama sagt nämlich, Menschen sind wichtiger als Häuser.

Sie sagt auch, dass wir nächstes Jahr meinen Geburtstag vielleicht schon wieder mit Oma und Opa und Papas Bruder und meinen Cousinen feiern. Das wäre schön. Ich wünsche mir schon mal einen Esel und ein Schiff, das nicht untergeht, wenn wir zurückfahren. (Obwohl: Das brauche ich dann ja vor meinem Geburtstag. Kannst du da eine Ausnahme machen?) Bis dahin erzählen mir Mama und Papa Geschichten von zu Hause, damit wir nicht vergessen, wie es dort ist. In Geschichten kann man wohnen, sagt Papa, manchmal sogar sicherer als in einem Haus. Ein Haus, das kann einem weggenommen werden, aber Geschichten kann einem keiner wegnehmen. Hast du Geschichten für mich? Dann erzähl sie mir bitte, damit ich viel Zuhause habe.

Bis bald,
dein Jesus

Nachtrag: Jesus und seine Familie mussten kurz nach seinem Geburtstag aus ihrer Heimat fliehen, weil der damalige König Herodes das Kind töten lassen wollte. Die Familie erhielt in Ägypten Asyl. Erst als Herodes und auch dessen Sohn starben, kehrte Jesus mit seinen Eltern in ihre Heimat zurück. Nachzulesen bei Matthäus, Kapitel 2.

Dein König kommt
der Friedefürst

6

Das Geschenk des Nikolaus

Am Morgen des 6. Dezember wacht Nikolaus auf und beschließt, dass es höchste Zeit ist, sich mal wieder zu zeigen. Er war lange nicht mehr auf der Erde. Der Himmel ist grau. Vielleicht wird es schneien. Gute Voraussetzungen, denkt er. Die Menschen mögen Schnee. Er stimmt sie so milde.

Auf dem Dachboden sucht er nach seiner Mütze. Auch der Bischofsstab ist wichtig. Man muss auf die Details achten, sonst erkennen einen die Leute nicht wieder. Er erwägt kurz, sich einen Bart zu besorgen, verwirft den Gedanken aber schnell wieder. »Ich will mich ja schließlich nicht verkleiden«, murmelt er und knöpft seinen Mantel zu. »Es muss so gehen. Schließlich sind meine Taten wichtig und nicht mein Aussehen.« Er strafft die Schultern. »Damals hat auch keiner darauf geschaut, was ich anhabe.« Damals versorgte er eine Stadt mit Korn. Eine ganze Stadt! Die Leute buken Brot, dass alle Straßen wie eine riesige Backstube dufteten. Keiner musste mehr hungern. Ein anderes Mal rettete er in letzter Minute zwei Schwestern. Ihr eigener Vater wollte sie an ein Bordell verkaufen. Er wusste nicht, wohin mit seinen Schulden. Nikolaus legte ihm in der Nacht einen Klumpen Gold aufs Fensterbrett. Er lächelt bei der Erinnerung.

Ob die Zeiten heute besser sind? Man hört viel Schlimmes. Nachdenklich wiegt er den Kopf. Zumindest scheinen ihn die Menschen nicht vergessen zu haben. Er hat gehört, dass sie sich gegenseitig Süßigkeiten in die Schuhe schieben. Als Erinnerung an ihn. Er findet das rührend.

Dann bricht er auf. Er wählt die Fußgängerzone einer mittelgroßen Stadt. Da sind viele Menschen, die sich sicher freuen, ihn zu sehen. Er stellt sich an einen Brunnen und lächelt gütig. Es ist zugig. Wahrscheinlich eilen deshalb alle an ihm vorbei. Keiner schaut hoch. Der Wind pfeift unter seinen Mantel. Vielleicht hätte er doch weiter in den Süden gehen sollen?

Da bleibt ein Mädchen stehen. »Guck mal, Mama«, ruft es, »was hat der Mann für eine komische Mütze?« Die Mutter versucht das Mädchen weiterzuziehen, aber es hat eine erstaunliche Kraft. »Guck doch!«, quengelt es. Die Frau sieht ihn an und sagt: »Das ist ein Koch. Der wirbt für sein Restaurant.« Mit Blick auf seinen Mantel fügt sie noch »bestimmt etwas Orientalisches« hinzu. Nikolaus will erklären, dass es sich bei der Mütze um eine Mitra handelt und dass Bischöfe so etwas tragen, auch heute noch. Die Frau schneidet ihm das Wort ab. »Tut mir Leid, kein Interesse. Wir kochen selbst.«

Ein wenig enttäuscht geht er die Straße auf und ab. Vor den Geschäften blinken Lichterketten. Niemand beachtet ihn. Just in dem Moment, in dem er erwägt, sich einen anderen Ort zu suchen, klopft jemand auf seine Schulter. »Endlich!« Nikolaus dreht sich um. Vor ihm steht ein Mann. Er trägt ebenfalls eine Mütze und eine Uniform und guckt sehr streng. »Hören Sie«, beginnt er, »Sie können hier nicht einfach mit so einem Stock herumlaufen. Das ist ein Schlagwerkzeug. Dafür droht ihnen ein Bußgeld.« »Nicht doch«, entgegnet Nikolaus und lächelt nachsichtig, »das ist mein Hirtenstab.« »Sicher«, erwidert der Mann trocken, »und das da ist wohl Ihre Herde?« Er zeigt auf die vorbeiströmende Menge und Nikolaus nickt erfreut. »Schluss jetzt«, ruft der Mann, »Sie lassen jetzt diesen Stock verschwinden oder Sie begleiten mich.« Nikolaus entgegnet, er würde ihn ja gern begleiten, habe aber noch zu tun. Der Polizist bellt, er solle ja nicht frech werden, und nimmt ihm den Stab ab.

Nikolaus ist frustriert. Ein Bischof ohne Hirtenstab ist nur ein halber Bischof. So wird ihn garantiert keiner erkennen. Jetzt muss er selbst die Initiative ergreifen, also geht er auf einen kleinen Jungen zu, der im Schaufenster eine Eisenbahn betrachtet.

»Hallo Kleiner, ich bin der Nikolaus«, sagt er mit tiefstmöglicher Stimme. »Du lügst!«, krakeelt der Kleine, »so sieht gar kein Nikolaus aus! Da hinten, das ist der echte Nikolaus!« Er zeigt auf einen Kerl mit rotem Mantel und Zipfelmütze. Er trägt einen viel zu langen Bart und über die Schulter hat er einen Sack geworfen, als wolle er Kohle holen. Der Junge streckt ihm die Zunge raus und läuft davon.

Nikolaus sieht ihm nach. Die Zeiten haben sich geändert, denkt er. Sie erkennen mich nicht mehr. Ich muss etwas tun, das sie an mich erinnert. Etwas Spektakuläres fällt ihm auf die Schnelle nicht ein. Vielleicht muss es ja auch gar nichts Großes sein. Auf die Geste kommt es an. Ich werde einfach genau das tun, was sie von mir erwarten, beschließt er. Man muss niedrigschwellig denken. Ich werde ihnen etwas schenken. Das scheint ihnen ja sehr zu gefallen. Die Sache mit dem Stiefel erschließt sich ihm zwar nicht, aber er könnte ein Paket packen. Das würde er vor irgendeine Haustür legen und schauen, was passiert.

Er besorgt rotes Papier. Das sieht klassisch und geschmackvoll aus. Außerdem geht ihm der Kerl mit dem roten Mantel nicht aus dem Sinn. Was der kann, kann er schon lange. Nur besser. Nikolaus legt das Paket vor die vierte Tür einer Reihenhaussiedlung und wartet.

Nichts geschieht. Soll er klingeln? Dann wäre allerdings die Überraschung dahin. Dann wird die Tür geöffnet. Ein Glück. Ein kleiner Junge kommt heraus. Er trägt einen Hockeyschläger. Wenn der nicht mindestens so gefährlich ist wie mein Hirtenstab, denkt Nikolaus und schnaubt leise. Der Junge hält inne. »Mami«, ruft er, »hier legt ein Paket!« »Wir haben nichts bestellt«, schallt es zurück. »Klingel mal bei Schreibiegels, vielleicht hat der Postbote sich schon wieder vertan!« Schreibiegels scheinen die Nachbarn zu sein. Jedenfalls trottet der Junge lustlos zur nächsten Tür. Eine Frau mit Handtuchturban öffnet. Sie schüttelt den Kopf, dann tritt sie ein paar Schritte auf die Straße und beäugt skeptisch das Paket. »Wer weiß, was da drin ist?«, meckert sie. »Vielleicht ist es vergiftete Schokolade.« Nikolaus runzelt die Stirn. Was für eine abwegige Idee! Warum sollte jemand vergiftete Schokolade in ein Paket legen? Und es dann noch liebevoll verpacken?

Weitere Nachbarn finden sich ein. »Das könnte eine Bombe sein«, vermutet ein mittelalter Mann. »Man hört ja in letzter Zeit viel von solchen Sachen.« Die Idee, eine Bombe vor einem Reihenhaus abzulegen, scheint Nikolaus ebenso unwahrscheinlich wie die Sache mit der vergifteten Schokolade. »Oder eine tote Katze!«, ruft eine dicke Frau. Sie ist sehr aufgeregt. »Das habe ich mal in einem Film gesehen. So was Grauenhaftes! Was es für Sachen gibt …!«

Nikolaus fragt sich, warum sie gar nicht darauf kommen, dass auch etwas Schönes in dem Paket sein könnte. Ein Geschenk. Eine unvergiftete Schokolade. Marzipanäpfel. Ein fein geräucherter Schinken. Auf diese

Idee kommt niemand. Nicht dass er tatsächlich einen Schinken verpackt hätte. Man muss schließlich auch an die Vegetarier denken. Aber es wäre doch immerhin möglich. Schon eher, als eine tote Katze zu verpacken.

Ihre Diskussion wird immer hitziger. Das Paket liegt verloren auf der Fußmatte. Niemand beachtet es mehr. Da sieht er, wie der kleine Junge es vorsichtig zu sich heranzieht. Er beginnt das Papier aufzureißen. Neugierig schaut er in das Paket. In diesem Moment dreht sich seine Mutter nach ihm um. »Jakob!«, ruft sie. Ihre Stimme klingt erschrocken und ärgerlich zugleich. Jakob sieht ertappt auf. Er hält ein gefaltetes Stück Papier in die Höhe. »Ist nur ein Zettel drin!«, verteidigt er sich enttäuscht. Sie nimmt ihm das Papier aus der Hand. »Ein Drohbrief«, flüstert die dicke Frau ängstlich. Die Mutter faltet den Zettel auf und liest. »Vertrauen«, sagt sie überrascht. »Da steht nichts drauf als *Vertrauen*.«

Die Leute verstummen. Nikolaus lächelt.

Man muss den Leuten Vertrauen schenken. Wenn nicht er, wer dann?

Öffnet mir die Herzen

Warten

Was tust du?
Ich warte.
Der Verkehr tröpfelt. Es ist kalt.
Worauf?
Auf Weihnachten.
Das kommt von selbst.
Es ist Advent.
Was soll schon passieren?
Das weiß ich auch nicht. Vielleicht kommt Jesus vorbei.
Hierher?
Wohin denn sonst?
Woran würdest du ihn erkennen?

Das ist eine gute Frage. Er würde kein Namensschild tragen. Ich weiß nicht, wie er aussieht. Ich beobachte die Leute. Eine Frau trägt zwei Tüten mit dem Aufdruck einer Supermarkt- kette. Zwei Kinder schieben ihre Räder vorbei. Ein Briefträ- ger macht seine Runde. Woran werde ich ihn erkennen?

Vielleicht erkennt er mich.

Woran?

Daran, dass ich warte.

Der Verkehr setzt einen Moment aus. Es ist still.

Was willst du von ihm?

Erfüllung.

Ach je. Kleiner geht's nicht?

Ich schüttele den Kopf. Ich bin entschieden.

Vergeudest du nicht deine Zeit?

Ich denke an ungebackene Kekse. Ich könnte E-Mails be- antworten, die möglicherweise warten, aber möglicherweise auch nicht. Ich könnte ein Weihnachtsmenü planen oder eine Wunschliste schreiben. In die Sauna gehen. Schuhe putzen, beim Zahnarzt anrufen wegen einer Prophylaxe. Es gibt eine Weihnachtsfeier mit Kollegen, auch einen Kunstmarkt. Ich denke an Reifenwechsel, die besten Hits der Achtziger und Neunziger, Pilatesstunden, Hundefutter, Hausaufgaben und dass die Kinder bald Zeugnisse bekommen. Ich denke an nichts.

Nein, sage ich schließlich.

Willst du ein halbes Marzipanbrot?

Ich nicke.

Wir kauen.

Nichts passiert.

Das heißt, es passiert eine Menge: Die Ampel wird Rot und Grün und wieder Rot. Drei schwarze Autos fahren über die Kreuzung, ein Hund kläfft einen Radfahrer an, der schlingert, flucht und weiterfährt. Im Haus gegenüber wird ein Fenster geöffnet. Jemand fragt sein Telefon, ob er noch Brot mitbringen soll. Ich friere ein bisschen.

Reicht es nicht auch so?

Wofür?

Fürs Leben.

Ich überlege und schüttele den Kopf.

Wie fühlt sich Erfüllung an?

Satt sein, ohne gegessen zu haben. Wach sein, ohne geschlafen zu haben. Haut spüren, obwohl kein Wind geht. Glücklich sein, obwohl sich nichts verändert hat. Nicht weg wollen. Nichts brauchen, obwohl manches fehlt.

Und wenn er nicht kommt?

Das Risiko muss ich eingehen.

Unsichtbar jedes Menschen Blick

sind sie gegangen wie gekommen

doch Gottes Segen blieb zurück

Der Leuchtturmwächter

Sam wacht über das Meer seit hundert Jahren, was natürlich nicht stimmt, aber Sam hat vergessen, wann er auf den Leuchtturm gekommen ist. Er ist schon immer da gewesen. Erst mit Agathe, dann nur noch mit Matz, aber der ist jetzt auch weg. Ein Hundeleben hat er gegen die Möwen gekläfft, am Ende lagen sie gleichauf. Der Wind ist noch da. Und nachts leuchten die Sterne. Die Sterne mag Sam lieber als den Wind, sie machen nicht so ein Aufheben.

Die Insel ist klein, eigentlich nur ein großer Stein, der auf der einen Seite sanft ausläuft. Dort liegt sein Boot. Eine Bank gibt es auch. Gegen Abend, wenn der

Wind nachgelassen hat, sind Agathe und er dort oft gesessen und haben sich an den Händen gehalten. Gesagt haben sie nie viel, aber das brauchten sie auch nicht. »Hier ist zu Hause«, hat Agathe geseufzt, und es war ein wohliges Seufzen und Sam hat genickt und dann ist er aufgestanden, um nach den Krebsen zu sehen, denn zu viel Romantik tut auch nicht gut.

Alle sechs Wochen rudert Sam ans Festland und kauft Bohnen und Haferflocken und manchmal ein bisschen Speck. Dann rudert er zurück und die Leute haben ihn schon wieder vergessen, weil Sam einer ist, der kommt und geht, ohne viel zu sagen. Der Leuchtturm ist ja auch längst abgeschaltet, seit es den neuen gibt, so ein Stahlgerüst mit Lampe. Ein Turm ist das nicht, und gesteuert wird er von Münderup aus, alles per Computer. Da wacht keiner mehr. »Sam«, haben sie zu Sam gesagt, »du kriegst eine Wohnung, da hast du Zentralheizung und Balkonkästen hast du auch, und beim Bäcker kannst du nachmittags Bienenstich holen.« Sam wollte nicht. Sam hat auf den Bienenstich verzichtet, obwohl er Bienenstich sehr gern isst. Aber er findet, einen muss es schon geben, der Licht macht, und das kann ja wohl keineswegs eine Maschine sein. Der Turm ist jetzt eine unbeleuchtete Landmarke. So nennt man das im Behördendeutsch, und es ist Sam streng untersagt, das Licht anzuzünden. Landmarken leuchten nicht.

Sam ist noch nie sentimental gewesen. Sam ist immer Realist gewesen. Jetzt ist er ein enttäuschter Realist, der sich manchmal mit Bienenstich vom Festland tröstet, aber nie mit Alkohol, obwohl die Nächte lang sind. Noch immer. Sam liegt oft wach und lauscht dem Wind und denkt über alles nach.

In einer solchen Nacht hört er auf einmal einen dumpfen Schlag. Es klingt wie ein Boot, das gegen den Fels geworfen wird. Sein Boot hat er wie immer fest vertäut, da ist er gründlich. Immer gewesen. Die See ist kabbelig, also beschließt er runterzusteigen, man weiß nie. Draußen schlägt ihm der Wind ins Gesicht. »Ruhig«, murmelt Sam und hält den Strahl der Lampe ins Dunkel. Die Wellen haben Kronen aufgesetzt und leuchten weiß. Unten liegt ein Boot. In dem Boot sitzt ein Kind. Sam kneift die Augen zusammen. Es hat Zöpfe, also wird es ein Mädchen sein. Mehr kann er nicht erkennen. Das Mädchen gehört eindeutig nicht hierher.

Als er näherkommt, sieht er, dass es zittert, deshalb steigt Sam hinunter und hebt es aus dem Boot. Es ist leicht, überraschend leicht, und es lässt sich, ohne zu fragen, in den Leuchtturm bringen. »Die Stufen musst du schon selber gehen«, brummt Sam, denn sein Rücken ist auch nicht mehr der Jüngste. Das Mädchen nickt. Es trägt zwei Röcke und eine Hose, darüber einen viel zu großen Anorak. Sam gießt Milch in den Topf und zündet das Gas an. »Woher kommst du?« Das Mädchen schüttelt den Kopf. Vielleicht spricht es kein Deutsch? »Maria«, sagt es. Marias Stimme ist hell und erinnert Sam an etwas. Er kommt nicht drauf, was es ist. Maria trinkt hastig. Milch scheint sie zu mögen.

Dann legt sie den Kopf auf den Tisch und schläft ein. Sam sieht das Mädchen an und denkt, dass ein Tisch kein geeigneter Ort für einen erholsamen Schlaf ist, also breitet er eine Decke auf dem Sofa aus, hebt Maria von ihrem Stuhl und legt sie behutsam hin. Mehr gibt es nicht zu tun. Sam legt sich auch wieder hin. Diesmal kommt der Schlaf.

Am Morgen stellt sich heraus, dass das alles kein Traum war. Das Mädchen sitzt am Fenster und sieht aufs Meer. Sam schaut auf das Mädchen. Man müsste es an Land bringen, denkt er. Aber etwas hält ihn davon ab, weil er nicht weiß, wie er das alles erklären soll, und Sam erklärt überhaupt nicht gern. Sie sollte sich waschen. Sie riecht ein bisschen streng. Sam lässt Wasser in die Wanne laufen, holt ein frisches Handtuch und lässt Maria allein.

Dann stellt er den Kessel auf den Herd, gießt Tee auf und überlegt. Wenn ihn nicht alles täuscht, müsste heute der 24. sein. Heiligabend.

Sam macht sich nichts aus dem Heiligabend, er feiert kein Weihnachten. Schon lange nicht mehr. Er wüsste auch nicht, wie. Damals mit Agathe, da haben sie immer einen Tannenbaum ins Fenster gestellt, einen kleinen mit Kerzen. Die haben sie angezündet und sich vorgestellt, dass alle Seeleute die Lichter sehen und sich ein bisschen wie zu Hause fühlen. Allein macht man so etwas nicht. Und ein Leuchtturm, der nicht leuchtet, ist genau genommen sowieso kein Zuhause. Wegen des Mädchens überlegt Sam, kurz noch rüberzufahren an

Land und einen Baumkuchen zu kaufen oder was man zu Weihnachten so isst. Er verwirft die Idee wieder. Immerhin hat er das Mädchen nicht eingeladen.

Gegen drei Uhr beschließt er, noch mal nach den Reusen zu sehen. Vielleicht haben sich ein paar fette Krebse darin verirrt. Er zieht das Ölzeug an. Das Mädchen liegt auf dem Sofa und hat die Augen geschlossen. Vielleicht schläft es. Macht nichts, denkt Sam, entweder es wartet oder es ist weg.

Er zieht das Boot ins Wasser und wirft den Motor an. Der Wind ist schneidender geworden. Es wird Schnee geben, vielleicht. Das Boot tuckert zu den Reusen. Sam isst gern Krebse. Auch Fisch, aber lieber Krebs. Früher hat er immer welche für Agathe geholt, und dann ging das Leuchtfeuer an und er wusste: Jetzt musst du nach Hause kommen. Das ist lange her.

Die Dämmerung hat eingesetzt. Eine Reuse noch, dann drehst du um, denkt Sam. Bist nicht mehr der Jüngste, alles geht langsamer, das vergisst du gern. Keine Krebse drin, schade. Er wendet das Boot, da trifft ihn das Licht. Ein starker Strahl fließt über die Wellen. Das Mädchen, denkt Sam und wirft den Motor an. Es muss den Schalter gefunden haben. Er flucht. Sein Boot springt über die Wellen, so schnell fährt er, immer näher kommt er dem Licht. Es erleuchtet das Meer, den Himmel, den Fels und schließlich auch ihn, als sein Boot eintaucht in den Strahl. Der Leuchtturm liegt jetzt vor ihm, und da sieht er die anderen Boote. Unten an seinem Anleger, eins neben dem nächsten. »Wir haben das Licht gesehen«, rufen ihm ein paar Männer entgegen, auch Anna aus dem Bäckerladen ist da, selbst der alte Heinrich, dazu Menschen, die er noch nie gesehen hat, Filipinos oder Fidschis. Was ist bloß los, denkt Sam. Er vertäut das Boot, läuft 203 Treppen hoch, aber was heißt laufen, er kommt ja kaum voran, so eng ist es wegen all der Leute. »Was wollt ihr hier?«, fragt er ein ums andere Mal. »Wir haben das Licht gesehen«, antworten sie. Oben ist es warm, vielleicht etwas wärmer als sonst, aber das mag an den vielen Menschen liegen.

Maria sitzt am Fenster. Sam geht zu ihr, er will ihr erklären, dass es verboten ist zu leuchten, früher mal, da war das anders, aber das ist vorbei. Er will ihr erklären, dass er Ärger bekommen wird und dass sie den Schalter in Ruhe lassen muss. Doch der Schalter steht unverändert in Schlafposition. Da ist nur das Kind, es sitzt am Fenster und leuchtet.

Was soll das bedeuten,
es taget ja schon?

Deutsche Weihnacht

Werner Krummbiegel wohnt seit 39 Jahren in dieser Stadt. Er ist hier geboren, und zwar im Kreiskrankenhaus Eichenhain. Der Vater war gleich weggelaufen, die Oma zog ihn groß, im Garten stand ein Kaninchenstall. Doch das tut jetzt nichts zur Sache. Einmal war er auf Klassenfahrt im Harz und einmal ging es zum Camping an die Ostsee. Das gefiel ihm nicht, wegen der vielen Nackten. Später fuhr er noch mal mit dem Schützenbund nach Regensburg, da haben alle gesoffen und Werner vorneweg. Da war er ja auch noch nicht verheiratet. Regensburg war schön, fast so schön wie zu Hause. Aber eben nur fast. Er hatte ein paar Freundinnen gehabt, bevor er Jenni kennenlernte, kurze Beziehungen nur, die wollten alle reisen. An die Adria oder nach Griechenland oder noch weiter weg. Womöglich sogar nach Afrika, das muss man sich mal vorstellen! »Was muss ich durch die Weltgeschichte juckeln«, hatte er gesagt. »Soll jeder bleiben, wo er ist, dann kommt nichts durcheinander.« Jetzt ist Jennifer da, mit ihr hat er die drei Kleinen. Hätte er nicht gedacht, dass er mal so ein richtiger Familienvater wird, mit Reihenhaus und allem drum und dran. Kein Keller zwar, dafür Garage und Gartenlaube. Darin sitzt man gemütlich, wenn die Jungs kommen und zwei oder drei Bier mit ihm trinken. Vielleicht noch einen Schnaps, aber mehr ist schwierig, weil Jenni das nicht mag. Er lässt sie reden und meistens beruhigt sie sich schnell. Also alles bestens.

Bis vor zwei Wochen. Als der Bus kam. Busse sieht man hier nicht oft. Die Linienbusse natürlich, die 3 und die 7, aber keine Touristenbusse. Das war ein Touristenbus, nur dass keine Urlauber drin waren, sondern Schwarze. Oder Halbschwarze, was macht das für einen Unterschied. Ein ganzer Bus voller Fremder, 37 Leute von werweißwoher. Die bleiben jetzt hier, hieß es. Und ob jemand was spenden könne. Werner Krummbiegel hat sich an den Kopf gefasst. Seid nett zu denen, hieß es. »Nett, nett«, hatte Werner gepoltert, »und wer ist nett zu mir?« Jennifer versuchte, ihn zu beruhigen: »Aber Schatz, die kommen doch aus dem Krieg.« »Ja und, habe ich den etwa angezettelt?« Damit war die Sache für ihn geklärt und er belegte sich drei Schinkenbrote, so wie jeden Morgen. Wenn er die Fremden ignoriert, dann würden die schon wieder abziehen. Darauf hoffte er jedenfalls.

Bis gestern. Da stand ein Teller mit etwas auf dem Tisch, das aussah wie Rumkugeln. Nur ohne Schokostreusel. Vor allem roch es nicht nach Rum, sondern nach ... irgendwie merkwürdig. Es roch merkwürdig in Werner Krummbiegels Nase. »Was ist das?«, fragte er misstrauisch, und sein Sohn, dessen Knie so dreckig waren, wie sie nach einer siegreichen Schlacht zu sein haben, sagte: »Falafel. Hat Halims Mutter für unsere Mannschaft gemacht. Probier mal.«

Werner Krummbiegel sah seinen Sohn entgeistert an. »Ja, sind denn hier jetzt alle verrückt geworden? Kann denn deine Mutter nicht mehr kochen, dass du dir so einen Affenfraß andrehen lassen musst? Und was macht dieser Halim überhaupt in deiner Mannschaft?«

»Wir sind jetzt international«, antwortete Werner Krummbiegels Sohn stolz, der übrigens Jan heißt.

»International, dass ich nicht lache! Was haben die uns denn schon zu bieten? Können wir jetzt nicht mal mehr allein Fußball spielen?«

»Aber ...«

»Schluss damit jetzt! Ich will nichts mehr davon hören. Wir haben bald Weihnachten. Da brauchen wir kein Laffellaffel oder wie das heißt. Das feiern wir so wie immer, nämlich deutsch. Ich will Spekulatius!«

Jennifer Krummbiegel nickte ergeben und räumte die Falafel vom Tisch.

Zwei Tage vergehen. Die Harmonie ist im Hause Krummbiegel wieder eingekehrt. Dann ist Nikolaustag. Theoretisch. Denn Jans Stiefel, den er am Abend noch eifrig geputzt hat, ist leer. Freyas und Riekes Stiefel sind es auch. Werner Krummbiegel wird somit von drei schreienden Kindern geweckt, die, bis er begreift, worum es eigentlich geht, sein Nervenkostüm empfindlich reizen. »Frau«, brüllt er, um sich verständlich zu machen, »was geht hier vor? Wo ist der Nikolaus?«

Jennifer schüttelt bedauernd den Kopf. »Den musste ich wieder wegschicken. Der ist Türke.«

»Was soll das heißen, Türke? Das wird ja immer verrückter. Seit wann ist dieser urdeutsche Mann mit seiner Rute Türke?«

»Das stand im Wochenblatt. Nikolaus war ein Bischof in Myra und das liegt in der Türkei.«

»Hmpf«, macht Werner Krummbiegel, und weil ihm nichts weiter einfällt, befiehlt er: »Dann kauf du eben Süßigkeiten. Ist doch egal, wer die bringt.«

Die Tage gehen dahin. Bei Kerzenschein werden deutsche Lieder gesungen, deren Textfluss nach der ersten Strophe empfindlich ins Stolpern gerät. Spekulatius und Zimtsterne jedoch sucht man in diesem Jahr vergeblich im Hause Krummbiegel. Auch Schokolade gibt es nicht. »Oder hast du die schon mal auf deutschen Feldern gesehen?« Herr Krummbiegel beschließt, dass es so nicht weitergeht. Der Moment für eine Grundsatzrede ist gekommen: »So eng brauchst du das nicht zu sehen. Seht mal, es ist doch so«, hier wendet sich Werner Krummbiegel an die Gesamtfamilie, »natürlich können wir Tauschgeschäfte machen. Das war doch schon immer so. Wir haben bunte Perlen gebracht und haben dafür Kaffee bekommen. Oder eben Schokolade.«

»Oder Sklaven«, ergänzt Jan. »Das weiß ich aus der Schule.«

»Ja, aber das ist natürlich vorbei. Wobei du schon recht hast, daran sieht man: Die einen können besser arbeiten und die anderen besser denken. Die haben da unten eben eine üppigere Vegetation, dafür haben wir die Kultur. Wir haben die Geschichten, versteht ihr? Die großen Sagen. Dafür sind wir Deutschen doch berühmt! Man muss wissen, wo man hingehört. Das sollte sich nicht vermischen, sonst droht das totale Chaos.« Werner Krummbiegel ist selbst ergriffen von seinen Worten. Klarer und wahrer konnte man es kaum sagen.

Dann kommt der Weihnachtsabend. Die deutsche Tanne reckt sich zur Decke, Strohsterne wiegen sich im Kerzenzug. »Ah«, seufzt Herr Krummbiegel, »ist es nicht schön?« Rieke und Freya schielen auf die Geschenke und knibbeln an ihren Schleifen. »Erst wird gegessen!« Murrend nehmen die Kinder Platz und auch Vater und Mutter setzen sich. Dann greift Werner Krummbiegel beherzt zur Gans. Suchend guckt er über den Tisch. »Wo sind die Kartoffeln?«

»Kartoffeln gibt es nicht«, sagt Jennifer bedauernd. »An Weihnachten wollen wir doch nichts von den Wilden essen.«

»Die Kartoffel gehört seit jeher auf den deutschen Tisch!«

»Aber erst seit 1647. Vorher gab es Getreidebrei. Bitteschön!« Jennifer reicht Werner Krummbiegel eine Schüssel kleistrig aussehender Speise. Er beschließt, die Gans pur zu essen.

Irgendwie droht das Ganze aus dem Ruder zu laufen. Da fällt sein Blick auf die Krippe. Es ist eine besondere Krippe, sie stammt aus dem Erzgebirge, und Werner Krummbiegel ist sehr stolz darauf. Immerhin hat seine Oma sie eigenhändig durch den Krieg gerettet. Nur Josef hat ein Bein verloren, aber das schadet ihm nicht, denn es macht ihn zu einer Art Kriegsversehrten. Eben dieser Josef ist nicht zu sehen. Und auch Maria nicht, Jesus nicht, die Hirten nicht. Niemand.

»Moment mal, was ist denn da los? Da fehlt doch alles.«

»Was meinst du, Schatz?«

»Na, die Figuren. Wo sind denn die Figuren?«

»Ach ja, die Figuren. Weißt du, Maria und Josef und ihr kleiner Jesus, die sind doch Juden. Ich dachte, die willst du hier an Weihnachten bestimmt nicht haben. Na, und dann die Könige. Das waren Araber. Einer soll sogar schwarz gewesen sein. Du sagst doch immer, die haben hier nichts zu suchen. Bei den Engeln war ich mir wegen der Herkunft nicht so sicher, also habe ich sie besser auch weggelassen. Man weiß ja nie, sagst du immer. Bleiben noch Ochs und Esel. Die kommen von hier. Deutsche Weihnachten. Frohes Fest, Kinder!«

Hosianna
Davids Sohn
sei gesegnet
deinem Volk

10

Fünfte Reihe links

Sie waren doch auch eben in der Kirche. Ich habe Sie gesehen, fünfte Reihe links. Ich bin zum ersten Mal hier. Da sitze ich gern am Rand. Damit ich gehen kann, falls es mir nicht gefällt. Hat es aber. Besonders das Politische. Man befürchtet ja immer, dass man in der Kirche so einen frommen Brei serviert bekommt, finden Sie nicht? Nett, aber harmlos. Und auch ein bisschen fad.

Und dann singen wir noch ein Lied von Wind und Weite und allen geht's gut. Ich hab ja nichts dagegen, wenn es allen gut geht, aber es geht ja eben nicht allen gut. Das können Sie nicht leugnen.

Heute wagt ja keiner mehr, vom Jüngsten Gericht oder von der Hölle zu sprechen. Das könnte die Leute vergraulen. Es gibt genügend Wellness-Alternativen, bei denen sie das eigene Herz visualisieren oder Gänseblümchen oder das Morgenrot. Egal, Hauptsache positiv. Verstehen Sie mich nicht falsch, ich will die Hölle ja auch nicht reaktivieren. Und schon gar nicht will ich sie als Drohmittel einsetzen. Die Zeiten sind zum Glück vorbei. Ich schätze übrigens, das würde ohnehin nicht mehr funktionieren. Denken Sie nur an die ganzen Thriller und Fantasy-Serien und was es da nicht alles gibt. Haben Sie *Game of Thrones* gesehen? Da schreckt ein bisschen Feuer auch nicht mehr. Was ich sagen will: Alles Anstößige wird doch gemieden. Manchmal denke ich, ich bin im Kindergarten. Mir wird nichts zugemutet. Ist Ihnen das schon mal aufgefallen, dass eine Zumutung auch eines gewissen Mutes bedarf?

Ich komme vom Thema ab, entschuldigen Sie. Ich wollte ja eigentlich über das Politische reden. Und dass mir genau das gefallen hat. Jesus war auch politisch. Ich meine natürlich nicht parteipolitisch, aber er war parteiisch. Immer auf der Seite der Armen und der Unterdrückten. Moment, sagen Sie. Er hat doch auch bei den Zöllnern gegessen. Hat sich von den Reichen einladen lassen. Schon. Aber er hat sich nicht mit ihnen gemein gemacht. Er hat auf die Kraft der Veränderung vertraut. Veränderung durch seine Person, durch das, was er sagt und was er lebt. Ein Blatt vor den Mund genommen hat er ja nun beileibe nicht. Und damit sind wir wieder beim Politischen.

Das gehört nicht in die Kirche, sagen Sie, und schon gar nicht im Advent. Da wollen Sie die schönen Lieder singen, nicht die düsteren Bußlieder, sondern *Tochter Zion*, das ist so erhebend. Ich mag das auch. Wobei da eben auch vom Friedensreich die Rede ist. Ich mein ja nur, so ganz unpolitisch ist das nicht. Trotz der schönen Melodie. Ich verstehe: Sie wollen das symbolisch sehen. Innerer Frieden und so. Das ist auch wichtig, auf jeden Fall. Deshalb wollen ja auch plötzlich alle lieber Buddhisten sein. Ich kenne mich damit nicht so aus, aber was ich weiß, ist: Wenn man sich zu viel um sich selbst dreht, kann einem schnell schwindelig werden. Weil das nämlich Schwindel ist. Selbstbetrug. Schon wieder so ein Wortspiel. Erstaunlich, was man alles so entdeckt, wenn man die Wörter beim Wort nimmt.

Entschuldigung, ich wollte Ihnen nicht zu nahe treten. Ihnen wird nicht so schnell schwindelig. Sie machen auch Yoga. Da übt man Balance. Das ist gut, wirklich. Wer dauernd über sich selbst stolpert, kommt nicht weit. Das sagt sogar Jesus: Liebe deinen Nächsten wie dich selbst. Das kennen Sie doch, oder? Ist ja auch einer von den gern genommenen Sprüchen, wahrscheinlich weil da Liebe drin ist. Liebe geht immer. Allerdings hat er den Nächsten als Erstes genannt. Verstehen Sie? Nicht die Selbstliebe. Ist wohl Zufall.

Sie meinen, ich solle das alles mehr symbolisch sehen. Symbole gibt es zu Weihnachten ja auch viele. Sterne zum Beispiel, die hängen überall und sind hübsch anzusehen. Wenn die Hirten und die Könige den Stern damals allerdings nur als Symbol gesehen hätten, wäre Gott wahrscheinlich weitgehend unbemerkt zur Welt gekommen. Weil sich dann nämlich keiner auf den Weg gemacht hätte. Das ist eben die Gefahr bei Symbolen. Man freut sich über ihren dekorativen Nutzen, vergisst aber ihre Bedeutung.

Politisch war das damals übrigens auch. Ich meine, die Könige und der Stern und später die Flucht. Sonst hätte der Herodes ja wohl kaum so einen Rabatz gemacht. Man tötet nicht mir nichts dir nichts alle Neugeborenen in seiner Umgebung, wenn man sich nicht ernsthaft bedroht fühlt. Der hätte ja auch sagen können: Was gehen mich ein paar dahergelaufene Ausländer an? Hat er aber nicht.

Könnten Sie sich übrigens vorstellen, dass sich heute irgendein Politiker vom Christentum bedroht fühlen könnte? Eben. Ich meine das natürlich nicht militant. Ich meine den Inhalt, die Botschaft. Habt euch alle lieb und lasst mich in Ruhe. Schade eigentlich. Die Botschaft ist ja ziemlich brisant. Gerade zu Weihnachten. Da denkt man immer: Ach, die Maria, so ein frommes braves Mädchen. Mutter Gottes im blauen Mantel. Huldvoll lächelnd. Dabei war die eine Amazone. Ja, das dürfen Sie mir ruhig glauben. Gott stößt die Gewaltigen vom Thron, hat sie gejubelt. Er erhebt die Niedrigen. Den Hungernden gibt er, und die Reichen lässt er leer ausgehen. Da wäre was los an Weihnachten. Das klingt verdächtig nach Revolution. Da wäre Schluss mit Klingglöckchen und Kerzenschein. Haben Sie da schon mal drüber nachgedacht? Nein. Haben Sie nicht. Und Sie haben ja auch recht: Wir haben es gut. Wozu brauchen wir eine Revolution? Wir können dem lieben Herrgott danken, dass es uns so gut geht. Und gesund sind wir auch. Ist Ihnen mal aufgefallen, wie viele Flaschensammler es gibt? Gut, bei Ihnen auf dem Dorf nicht. Hier in der Stadt, da wühlen verdächtig viele plötzlich im Müll. Und das sind nicht alles Obdachlose. Obwohl es die natürlich auch gibt. Gerade jetzt, vor Weihnachten, sitzt alle fünf Meter einer in der Fußgängerzone. Sie haben ja recht, man kann sich nicht um jeden kümmern. Und auch nicht jedem was geben. Dann bleibt nämlich für Geschenke nichts mehr übrig. Und helfen tut es auch nicht, jedenfalls nicht nachhaltig. Damit verändert sich nichts. Womit wir dann doch wieder bei der Revolution wären. Es ist aber auch vertrackt.

Macht hoch die Tür,
die Tor macht weit!

11

Tagebuch einer Großmutter

27. November

Liebes Tagebuch, dieses Jahr wird alles anders. Ich werde den Advent *besinnlich* verbringen. Du brauchst nicht zu lachen. Ich weiß: Das habe ich 57 Jahre lang nicht geschafft. Diesmal wird es klappen. Kein Stress. Keine Geschenke. Höchstens etwas Kleines. Die Kinder sind alt genug. Die Enkel sollen sich freuen, dass Oma *da* ist.

30. November

Bin wunderbar entspannt. Gestern war ich sogar in der Sauna. Gisela fragte, wie ich das bloß mache. Und ob

ich schon alle Geschenke habe. Ich habe wahrheitsge-
mäß Ja gesagt. Da stöhnte sie. Wenn die wüsste ...

1. Dezember

Tochter Anne fragte, ob ich bei WhatsApp bin. Sie
weiß, dass ich es nicht bin und auch nicht sein will, aber
so könnte Klein-Leo mir seine Wunschliste schicken.
Er sendet sie einfach an alle, wir könnten uns dann ja
mit dem Christkind verständigen. Ich antwortete, das
wäre ja noch schöner, er solle sie in einen Briefumschlag
stecken oder persönlich vorbeikommen. Anne fragte
pikiert, warum ich immer so dogmatisch sein müsse.
Sie selbst habe Geschenke für eine dreiköpfige Familie
zu besorgen und ein Weihnachtsessen zu organisieren.
Da habe sie keine Lust, Leo zu irgendetwas zu zwingen.
Ich erinnerte sie daran, dass wir eine fünfköpfige Familie waren und Weihnachten dennoch nie ausgefallen ist.
Im Übrigen bräuchte sie Leo zu gar nichts zu zwingen,
schließlich sei er es, der Geschenke will.

2. Dezember

Sohn Martin rief an wegen der Zwillinge. Ob ich an
ihre Ernährungsumstellung denken würde, falls ich ihnen ein Nikolauspäckchen schicken will. Ich möchte
sehen, was passiert, wenn ich es nicht täte ... Annabell
fände es sowieso am besten, wenn ich keine Süßigkeiten schenkte, sondern andere Sachen. Gibt es eigentlich
Bücher über anstrengende Schwiegertöchter? Schein-
heilig fragte ich, ob andere Sachen Äpfel und Nüsse

wären. Natürlich meint sie Spielzeug. Echte Geschenke eben. Die Zwillinge hätten zum Beispiel gern eine Uhr. Ich erklärte, dass ich gegen diese Ausuferung des Schenkens bin, zumal am Nikolaustag, und Martin nannte mich geizig.

4. Dezember

Heute die Nikolauspäckchen gepackt. Vegane Schokolade für die Zwillinge gekauft, dazu glutenfreie Spekulatius. Eine zweite Packung für mich selbst mitgenommen, furchtbar bröseliges Zeug. Mir scheint, wo sie schon mal dabei waren, haben sie auch noch den Zucker weggelassen. Alles in allem hätte ich genau so gut die Uhren kaufen können. Die wären kaum teurer gewesen, halten dafür aber länger.

7. Dezember

Heute tatsächlich Besuch von Leo bekommen. Er gab mir seine Liste fürs Christkind. Das sagte er tatsächlich: Liste. Nicht Wunschzettel. Es stand drauf:

- Smartphone
- Lego Galaxy
- Crossbike
- Jedi-Meister-Lichtschwert

Frag nicht, was das ist. Eine halbe Stunde später rief Anne an. Ein Smartphone käme nicht infrage. Ich solle doch bitte das Lego kaufen, dann könnte die andere

Oma das Crossbike besorgen. Ich komme mir vor wie die Amazon-Bestellabteilung.

8. Dezember

Martin rief an. Ich dachte, er wolle sich für das Nikolauspaket bedanken, aber nach Nikolaus ist vor Weihnachten. Annabell hat ihn gebeten, noch mal mit mir zu sprechen. Ich solle doch bitte nicht wieder Bücher schenken und auch nichts Selbstgestricktes. Damit würde ich den Mädchen wirklich keine Freude machen. Am einfachsten wäre es, ich würde das Geld überweisen, dann besorgen sie etwas Passendes für das Christkind. Ich frage mich, ob das Christkind so was mitmacht.

9. Dezember

Kind Nummer drei hat sich gemeldet. Ich dachte schon, es sei verschollen. Es ist schlimmer: Judiths Freund ist auf und davon. Ich konnte den Kerl zwar noch nie leiden, aber muss es denn gerade vor Weihnachten sein? Ich tröstete, so gut ich konnte, und fragte, was sie sich denn zu Weihnachten wünsche. Nichts, außer Hannes, schluchzte sie in den Hörer. Ich schätze, das wird eine Enttäuschung werden ...

10. Dezember

Leo hat mir ein Update seiner Liste geschickt. Statt Lego Galaxy wolle er vom Christkind jetzt doch lieber das Jurassic Park Action Paket. Eine halbe Stunde später wieder Anne. Sie machte mir schwere Vorwürfe, weil ich versehentlich davon gesprochen habe, dass ich die Geschenke besorge. Ich, nicht das Christkind. Nun sei der Junge ganz verstört und wisse gar nicht mehr, woher die Geschenke kommen. Aus dem Kaufhaus, erwiderte ich trocken. Anne legte auf. Ich schätze, ich muss mich entschuldigen.

Überhaupt, das Christkind: Keines meiner drei Kinder ist besonders religiös. Das kann man bedauerlich finden, aber es ist, wie es ist. Weihnachten muss trotzdem das Christkind her, wobei es sich um ein engelsartiges Wesen handelt, das Wünsche erfüllt. Armes Ding.

11. Dezember
Martin rief an, ich solle mich bei Anne entschuldigen, wenn mir etwas an einem friedlichen Weihnachtsfest liegt.

13. Dezember
Lea rief an, die Zwillinge vertrügen keine Geschmacksverstärker. Sie schickt eine Liste der erlaubten Lebensmittel zur Planung des Weihnachtsessens.

14. Dezember
Judith rief an, sie habe Hannes mit einer anderen gesehen und werde sich jetzt erhängen. Ich sagte, damit spaße man nicht, und wenn, dann solle sie lieber Hannes erhängen.

15. Dezember

Seit 24 Stunden von keinem Kind mehr gehört. Ist das Telefon tot?

17. Dezember

Sieben Stunden durch die Stadt gelaufen auf der Suche nach genehmen Geschenken. Mein Plan vom stressfreien Advent geht nicht auf. Immerhin laktosefreie Milch für den Pudding gekauft. Würde eigentlich jemandem auffallen, wenn ich normale nähme? Immer noch keine Idee für die Zwillinge.

18. Dezember

Die Zwillinge angerufen und gefragt, was ihnen das Christkind bringen soll. Extra auf die Wortwahl geachtet. Ein Supermodelvertrag und ein Pony. Hätte ich bloß nicht gefragt.

Abends

Rückruf von Martin. Warum ich den Kindern einen solchen Floh ins Ohr setze. Sie redeten nur noch von dem Pony.

19. Dezember

Zusammenbruch. Eine halbe Flasche Eierlikör getrunken, der eigentlich für die Torte bestimmt war. Aber Alkohol ist auch verboten wegen der Kinder. Ob ich meine Lieben an die sonntäglichen Rotweincremes ihrer eigenen Kindheit erinnern soll, die aus keinem von ihnen Alkoholiker gemacht haben? Oder geben sie mir dann die Schuld an ihren Therapiestunden?

Später

Liebes Christkind, was bringst du mir eigentlich?

Noch später

Liebes Christkind, wenn ich du wäre, dann würde ich es ganz anders machen. Ich würde überhaupt keine Geschenke bringen. Dann gäbe es auch den ganzen Kram nicht, der spätestens nach zwei Monaten auf den Dachboden wandert, umgetauscht wird oder im Regal verstaubt. Weißt du, was ich an deiner Stelle tun würde? Ich würde die Pakete abholen. Jawohl, du hast richtig verstanden. Jeder könnte ein großes Paket füllen mit allem, was er abgeben will. Ich meine keine Sachen (dafür gibt es ja Sperrmüll und Umsonstläden und du weißt schon, was noch). Ich meine das Zeug, das einem auf der Seele liegt. Judiths Liebeskummer kommt hinein und Annabells Lebensmittelpanik, mein Schwiegertochterleiden, Martins Ärger mit seinem Kollegen, Leos Angst, nicht das Richtige zu bekommen. Du wirst sehen, da kommt eine Menge zusammen, und am Heiligen Abend nimmst du uns unsere schweren Päckchen ab und wir können Weihnachten feiern. Wie wäre das? Ich zähle auf dich.

Deine Gudrun

Sorge des Lebens verhallt

freue dich

Christkind kommt bald

12

Der Neue

Als der Neue kam, wusste ich, dass das nicht klappen würde. Er hatte null Erfahrung. Nada. Niente. Seine Vorstellungen vom Engeldasein waren abenteuerlich. Realitätsfern. Er sah uns als eine Art Glücksbringer an. »Das kannst du knicken«, habe ich gesagt. Man muss mit den Neuen Klartext reden. »Der Himmel«, habe ich gesagt, »ist ein Imperium. Da ist alles genau organisiert. Sonst gäbe es ein unglaubliches Chaos, und wir wären da, wo wir schon mal waren. Am Anfang.«

»Im Paradies?«, fragte er. Ich fand, es klang betont naiv. »In der Hölle«, zischte ich deshalb möglicherweise etwas zu barsch.

Er war Idealist. Mit Idealisten hat man immer Mühe. Die fügen sich nicht ein. Immer haben sie noch eine Frage und noch eine Idee und noch einen Gedanken, der alles durcheinanderbringt. Die Welt ist nun mal nicht ideal. Damit haben wir uns abgefunden seit etwa 2000 Jahren, als der Juniorchef selbst am Kreuz hing. Ein größeres Fiasko lässt sich ja kaum vorstellen.

»Aber wir wollen doch den Himmel auf die Erde bringen. Und der ist ideal!« Er ließ nicht locker. Der wird Ärger machen, dachte ich. Und so kam es dann ja auch.

Gott, der Unergründliche, setzte ihn gleich im Advent ein. Mitten in der Stoßzeit! Da können wir uns wirklich keine Fehler erlauben. Da muss es laufen, da zählen die Leute auf uns. Engel allerorten, wir haben ein Gesicht zu verlieren. Ich war nah daran, zu kollabieren. Der Über-alles-Erhabene schien es nicht zu bemerken. »Du«, sagte er zu dem Neuen, »du bringst die Liebe in die Welt.« Und er überreichte sie ihm ohne Arg. Alles in mir schrie: »Nein, nicht die Liebe! Nicht das Wichtigste, das Größte, das Überragendste, was wir haben! Unseren Schatz drückt er einem Neuling in die Hand!«

Aber so war es. Wenn der Allmächtige einmal einen Plan gefasst hat, ist er nur selten davon abzubringen. Also verlegte ich mich aufs Warten. Er würde schon sehen ...

Ich gebe zu: Ich war überrascht. Erst lief nämlich alles erstaunlich glatt. Weihnachtsstimmung, wo unser

Flügel wehte. Männer schrieben Liebesbriefe. Frauen lächelten milde über endlose Fußballübertragungen, obwohl Dezember war. Grantige Großväter herzten schokoladenverklebte Enkel. Nachbarn sahen über ungekehrte Eingänge hinweg. Katzen ließen die Hunde in Ruh. Auf den Weihnachtsmärkten lief *The Power of Love* und auch die Langfinger schienen ihr Geschäft auf ein Minimum zu beschränken. Zur Freude aller ließen wir etwas Schnee hinabrieseln.

Dann kam die erste Beschwerde. Frau Isenklein rief Gott den Richter an, eine unserer treuesten Seelen. »Zwei Männer«, schimpfte sie, »zwei Männer haben geheiratet. In meiner Kirche! Oh Gott. Ohgottohgottohgott!« Ich versuchte, sie zu beruhigen, und wies darauf hin, dass es Namen gäbe, die sowohl Frauen als auch Männer trügen. Eike sei so ein Fall. Oder Kim. Da könne es schnell zu Verwechslungen kommen. Sie fuhr mir rüde über den Mund: »Halten Sie mich für so dumm, dass ich nicht zwei Männer erkenne, die sich küssen?« Ich beeilte mich, ihr zu versichern, dass ich sie keineswegs für dumm hielte und mich um die Sache kümmern werde.

Mir blieb nicht viel Zeit. Der Frauenkreis St. Gertrud hatte eine Gebetsgemeinschaft gegründet, weil die Frau Pastorin, 56, jetzt mit einem 30-Jährigen zusammen war.

»Herr, befreie den armen liebeskranken Jungen, der das Leben noch vor sich hat, und schenk ihm ein junges Mädchen, das wiederum ihm viele Kinder schenkt«, beteten sie inbrünstig. Ich ließ als Zeichen einen Sonnenstrahl auf die Lenden des Gekreuzigten fallen und machte mir eine Notiz, mich auch darum zu kümmern.

Da meldete sich ein weiterer frommer Schützling, er könne die Machenschaften seines Priesters nicht mehr ertragen, der sein Herz offensichtlich an eine Frau verschleudert habe, statt auftragsgemäß den Herrn allein zu lieben. Mir traten Schweißperlen auf die Stirn. Wo kam nur die ganze Liebe her? Was war geschehen?

Die Liebe ist eine ernst zu nehmende Angelegenheit. Wenn man nicht große Acht auf sie gibt, verschwendet sie sich nämlich, wo sie will. Sie überwindet Grenzen, sie erträgt alles, sie glaubt alles, sie hofft alles. Ist sie einmal in der Welt, hört sie niemals auf. Das macht sie so gefährlich und zugleich so unberechenbar. Selbst wir Engel müssen uns ihr beugen. Deshalb ist es so wichtig, sie an der richtigen Stelle einzusetzen.

Plötzlich fiel es mir wie Sternschnuppen von den Augen: der Neue. Der Neue musste schuld sein. Er hatte die Liebe vollkommen falsch verteilt. Ich lief zu ihm. »Was hast du getan?«, schrie ich schon von Weitem.

»Was soll ich schon getan haben?«, fragte er erstaunt. »Weihnachten ist das Fest der Liebe. Ich habe sie freigiebig verteilt.«

»Aber doch nicht so! Die Leute lieben ja völlig falsch. Die Liebe wächst, wo sie will, da muss man aufpassen. Man muss sie zu den richtigen bringen.« Ich bekam mich kaum wieder ein und schnappte nach Luft. »Wir müssen das sofort wieder in Ordnung bringen.

Sonst steht die Welt Kopf!« Ich zog ihn vor den Thron des Ewigen. »Sieh«, keuchte ich, »was dein Schützling angestellt hat! Überall auf der Welt ist Liebe. Unkontrolliert! Man kann sie nicht mehr beherrschen! Wir müssen sie zurückholen!«

Doch der Ewige wog sein Haupt. »Die Liebe kann man nicht zurücknehmen. Sie ist, wo sie ist. Dafür ist sie viel zu stark.«

Und wir blickten zur Erde hinab und sahen, wie die Liebe tat, was sie wollte, und sich ausbreitete, mehr und mehr.

»Wo soll das hinführen? Maurer werden Zahnärztinnen lieben. Dumme werden Kinder zeugen. Reiche werden ihr Herz Habenichtsen schenken. Glaubende werden Andersglaubende küssen. Feinde werden Hochzeit feiern. Wölfe werden bei den Schafen liegen.«

»Und die Liebe«, nickte der Weltenlenker und sah nicht so aus, als würde er meine Sorge teilen, »die Liebe wird die Größte sein.«

Vom Himmel hoch

da komm ich her

ich bring euch

gute neue Mär'

13

Lucias Glück

Lucia ist ein bisschen dumm im Kopf. Das darf man nicht sagen. Weil keiner mehr dumm ist, sondern besondere Bedürfnisse hat. Und Lucia hat Bedürfnisse, so viel ist sicher. Lucia isst gern Schokoladenküsse, für ihr Leben gern isst sie die, aber nur die weißen. Und Schinkenbrot. Dafür pult sie vom Schinken den weißen Rand ab, den mag sie nicht. Dann legt sie die Scheiben gefaltet auf das Brot, sodass nichts übersteht. Darunter muss Butter sein, keine Margarine. Lucia duscht nur warm, und wenn das warme Wasser mal alle ist, dann duscht sie eben nicht.

Lucia wohnt im Sonnenhof. Das ist ein Heim, das nicht so heißt, denn wer in einem Heim wohnt, muss traurig sein, und hier soll niemand traurig sein. Hans sagt »Engel« zu Lucia und die anderen manchmal auch, weil Lucias Haar so glänzt und weil sie ein Herz für Mäuse und Marienkäfer hat und sie füttert, mit Brotkrumen oder Apfelstückchen, aber das darf eigentlich keiner sehen. Im Sommer rettet sie alle Käfer und Fliegen und Wespen aus Wassergläsern und Tümpeln, damit keiner untergeht. Das mit den Wassergläsern geht noch, aber rette mal alle Bienen, Fliegen, Käfer, Mücken aus einem Teich, da hast du viel zu tun. Vielleicht ist Lucia deshalb glücklich.

Am liebsten würde sie sich um alle kümmern. Damit die anderen auch glücklich sind. Die Pfleger sagen, das soll sie nicht. Das sei falsch. »Du musst dich auch mal um dich kümmern, Lucia«, sagen sie. Lucia weiß nicht, was sie meinen. Sie ist ja glücklich.

Manche sagen, das liegt daran, dass sie reich ist. Aber das stimmt nicht. Erstens ist ihr Vater reich und nicht Lucia, und zweitens ist ihr Geld egal, weil sie ohnehin nie einkaufen geht, nicht mal Zigaretten wie die anderen. Auch keine Schokolade wie die dicke Marianne, die manchmal hier und da einen Groschen findet, und irgendwann hat sie genug Groschen und kann Pralinen davon kaufen. Auch Pralinen sind Lucia egal.

Für Lucias Vater ist Lucia eine Enttäuschung. Seine Tochter hatte er sich anders vorgestellt. Deshalb schenkt er ihr immer was. Es sind schöne Sachen, da kann man nichts sagen. Ein Herz an einer goldenen Kette zum Beispiel oder einen Ring mit einem Kleeblatt aus glitzernden Steinen. Ein Kleid aus Seide und jedes Mal auch Schokoladen. Er vergisst immer wieder, dass Lucia sich nichts aus Schokolade macht. Aber was soll's: Keiner kann sich alles merken. »Ich will, dass meine Tochter es hier gut hat«, sagt er zu den Pflegern und steckt ihnen zwei Scheine zu, um die Sache zu verdeutlichen.

Hans mag Lucia. Das sieht jeder, und Hans ist kein Schlechter, nur dass er manchmal wütend wird, obwohl er das gar nicht will. Hans sagt zu Lucia: »Zieh doch mal das Kleid an, dann glänzt du wie ein Engel.« Lucia schüttelt den Kopf. Sie will nicht glänzen.

Im Winter passiert etwas. Ein Zaun wird aufgestellt. So ein Zaun, wie man ihn aufstellt, wenn gebaut wird. Rund um die Turnhalle herum, aber da wird nicht gebaut, denn da steht ja schon die Turnhalle. Mittwochs wird da immer Brennball gespielt. Das ist jetzt vorbei. Plötzlich wohnen in der Turnhalle Leute. Es heißt, sie haben kein Zuhause, weswegen das jetzt ihr Zuhause ist. Das kann Lucia gut verstehen, denn sie hat ja auch kein Zuhause, nur das Heim, das nicht Heim heißt. Manchmal steht sie am Zaun und guckt. Dann sagen welche, sie soll da lieber nicht stehen, wegen ihres blonden Haares, das kennen die nicht, und deshalb würden sie Lucia überfallen und was Böses machen. Es gibt sogar Wachleute, die gucken sehr streng und scheuchen Lucia weg. »Hier gibt es nichts zu gucken«, rufen sie, aber Lucia will gucken.

Sie geht auf die Rückseite des Zauns, wo die Wachleute nicht sind, sondern wo ein paar Kinder spielen und Männer Zigaretten rauchen. Sie guckt genau hin, aber sie sieht nichts Böses. Sie sieht vor allem traurige Augen, und deshalb geht sie immer wieder hin, weil sie die Augen nicht vergessen kann. Nicht mal, wenn sie schläft. Lucia denkt, wer so traurige Augen hat, braucht Wurstbrot, das zumindest hilft bei ihr, aber so viele Brote kann sie nicht schmieren, das würde auffallen und irgendwie hat sie das Gefühl, dass das nicht gewollt wäre.

Die Nachmittage sind dämmrig. Der erste Advent kommt und geht vorbei. Es schneit nicht. Der Winter scheint zu warten, so wie die Leute auf Weihnachten warten oder auf Jesus oder dass das Leben irgendwas macht. Lucia weiß nicht, ob sie das mit Jesus glauben soll. Weil der noch nie gekommen ist. Vielleicht muss man selber gehen und gucken, wo er bleibt.

Am Nikolaustag gibt es Mandarinen, einen Weih- nachtsmann, Erdnüsse zum Auspulen und Kugeln mit weißer Creme, die nach Alkohol schmeckt und um die sich alle reißen, weil Alkohol sonst verboten ist. Lu- cia fragt sich, ob die Leute hinter dem Zaun auch was bekommen. Vielleicht eher nicht, weil sie nicht auf Je- sus warten. Allerdings wäre das gemein, denkt Lucia, weil Jesus schließlich auch noch nie zu ihr gekommen ist, und sie bekommt trotzdem Creme-Kugeln und Mandarinen. Darum beschließt sie, die Sache selbst in die Hand zu nehmen.

Ein paar Tage später, an einem trüben Nachmittag, als alle vor dem Fernseher sitzen und Aschenbrödel schauen, legt sie ihre gesammelten Schokoladentafeln in ihren Rucksack, dann die Nüsse und die Creme-Eier. Heimlich sammelt sie so viele Mandarinen ein, wie sie finden kann. Man könnte sagen, sie klaut sie, andererseits auch wieder nicht, weil Mandarinen den meisten sowieso egal sind. Als sie an der Küche vorbeikommt, ist niemand da. Sie sieht sich um, geht zum Kühlschrank und holt den Schinken heraus, den ganzen Schinken. Sie weiß nicht, ob die Leute in der Turnhalle Schinken mögen. Aber ein paar werden schon dabei sein. Und sie hat ja all die Jahre welchen gehabt, da kann man schon mal aussetzen und andere sind dran.

Lucia setzt den Rucksack auf, nimmt den Beutel mit den Mandarinen und den Schinken und tritt vor die Tür. Es ist dunkel, ziemlich dunkel. Man bräuchte eine Taschenlampe, aber die hat Lucia nicht. Außerdem hat sie auch keine Hand frei. Da sieht sie den Adventskranz. Er steht im Eingang, zwei Kerzen flackern. Sie legt den Schinken auf einen Stuhl, ebenso die Mandarinen. Dann zündet sie die anderen Kerzen an und setzt sich den Kranz auf den Kopf. Das passt genau. Sie nimmt die Mandarinen und den Schinken und geht hinaus, am Zaun entlang, geradewegs auf den Eingang zu, und die Wachleute weichen zurück, weil sie einen Engel sehen.

Reiß ab vom Himmel

Tor und Tür

reiß ab wo Schloss

und Riegel für

14

Als ich Jesus traf

Jesus traf ich zum ersten Mal, als ich 16 war. Es war Zufall. Meine Freundin fragte mich, ob ich mit zur Kirche komme. Ich sagte: »Nee, damit habe ich nichts am Hut.« Das müsste sie eigentlich wissen. Wir spielen Volleyball, ergänzte sie, und das klang schon anders. Auch, dass da ein paar süße Jungs seien. Ich ging also mit. Das mit den Jungs stimmte. Sonst war es komisch. Drinnen hingen Poster an den Wänden mit Sonnenuntergängen. Davon hatte ich auch eins in meinem Zimmer, nur dass sich hier kein Paar romantisch küsste. Stattdessen standen ein paar Kreuze rum. Letztendlich war es auch egal. Der Volleyball sah ganz normal aus.

Wir spielten ein paar Runden, jeden Donnerstag, danach gab es dünnen Tee und einer holte seine Gitarre raus. Wir zündeten ein paar Kerzen an, dann sangen wir *Blowin' in the wind* und so Sachen. Auch ein paar Jesuslieder, in denen war Jesus sogar ganz cool. Er war irgendwie einer von uns, wir konnten ihn uns gut in Chucks vorstellen. Manchmal guckte der Pastor vorbei, der fand es super, dass auf einmal so viele junge Leute da waren. Ich glaube, er war auch froh, nicht mehr mit dem Frauenkreis allein zu sein. Der Frauenkreis traf sich ebenfalls donnerstags. Frau Piependreier gehörte dazu. Sie wollte immer mit uns beten und am Anfang kamen wir auch ein paar Mal dazu. Wir kicherten über ihre sonderbare Wortwahl, aber nicht zu laut; wir wollten nicht unhöflich sein. Eigentlich war Frau Piependreier überall dabei. Ich dachte lange, sie sei die Frau vom Pastor, doch so war es nicht. Beim Abschied sagte sie immer zu jedem: »Jesus liebt dich.« Ich fand das befremdlich. Der kannte mich doch gar nicht. Und ich ihn auch nicht. Mich interessierten Malte oder Jan oder wer eben gerade aktuell war. Aber nicht Jesus. Der war mir zu abstrakt. Du brauchst gar nichts zu tun, sagte Frau Piependreier. Jesus findet dich toll, genau wie du bist. Das Problem war nur, ich fand mich nicht toll. Ich hatte Pickel auf der Stirn und meine Körbchengröße lag außerhalb des Alphabets.

Jesus nimmt dich trotzdem an, beharrte Frau Piependreier. Egal, was du tust. Ich hatte meine leisen Zweifel. Frau Piependreier konnte sehr missbilligend gucken, wenn zu viel Haut im Spiel war. Oder ein Tattoo. Sie mochte unsere Musik nicht. Sie wollte, dass wir mehr beten und dass wir so beten, wie sie betet. Es gab einen ausgefeilten, unüberschaubaren Verhaltenskodex. Frau Piependreier betonte immer, dass Jesus das so will. Er schien ziemlich speziell zu sein. Offenbar mochte er es auch nicht, wenn man zu viel über ihn nachdachte. Jedenfalls sollte man keine Fragen stellen, sondern sein Leben übergeben. So nannte Frau Piependreier das. Sonst sei man verloren. Ich weiß, dass sie es anders meinte, aber ich musste immer an Kotztüten denken. Es schienen ziemlich viele Leute verloren zu sein, denn ich kannte niemanden, der sein Leben bei Jesus abgeliefert hatte. Außer natürlich die Frauen in Frau Piependreiers Gebetskreis, aber die bewegten sich ohnehin außerhalb meiner Welt. Sie beobachteten uns mit Argwohn, wenn wir Volleyball spielten. Manchmal keifte eine verknitterte Dame, dass wir nichts als Spaß wollten, immer nur Spaß, und dass es völlig sinn- und nutzlos war, was wir taten, und wir würden schon noch sehen. Ich hoffte immer, dass sie nicht zu den engen Freunden von Jesus gehörte.

Dabei waren wir sogar ein bisschen fromm. Nur waren wir auf falsche Art fromm. Wir fanden das mit der Liebe gut und dass man jedem vergeben soll. Dass man die andere Wange hinhalten soll, fanden wir mutig. Wir fanden gut, dass Jesus den Pharisäern haushoch überlegen war, wenn die wieder mal genau wussten, wie man zu glauben hat. Für uns war Jesus ein Revoluzzer.

Leider glaubten wir an den falschen Jesus. »Der ist kein Revoluzzer, sondern Gottes Sohn, der für euch gestorben ist. Für euch!«, rief Frau Piependreier. »ER hat eure Sünden auf sich genommen. ER musste für euch leiden.« Sie wollte wohl eindringlich sein, aber es klang nur schrill. Ich fand ehrlich gesagt nicht, dass es unseretwegen so viel zu leiden gab. Wir mobbten niemanden, Gewalt lehnten wir ab. Wir klauten nicht und soweit ich weiß, nahm auch keiner Drogen. Alles in allem gehörten wir zu den Netten. Aber Frau Piependreier bestand darauf, dass jeder ein Sünder sei. Jeder.

Es war klar, dass es irgendwann eskalieren musste. Im Advent war es so weit. Freitagabends fanden immer Adventsandachten statt. Richtig schön, mit vielen Kerzen und mit Liedern, die aus nur einer Zeile bestanden, die man immer wiederholte. Man konnte dabei träumen. Dann sagte jemand was zum Advent und warum es toll ist, dass Jesus jetzt kommt. Mal war Frau Piependreiers Gebetskreis dran, mal der Posaunenchor und diesmal eben wir. Ich weiß nicht mehr genau, was wir erzählten. Es ging darum, dass Jesus neugierig auf uns sei und dass er deshalb in die Welt kommt. Dann spielten wir *Jesus Christ Superstar* vom Band. Das ist so ein Hippielied, Oldschool, aber trotzdem gut. Da sprang Frau Piependreier auf und rief, dass es jetzt reichen würde. Das sei Teufelsmusik und dass sie das nicht länger dulden könne, dass wir unserem Erlöser danken sollten und ihn auf Knien anflehen, dass er sich unser erbarme. Jesus sei keine Kneipenbekanntschaft, Jesus sei der Retter.

Der Retter, ob wir das verstünden? Und er würde uns hinausjagen aus seinem Haus, so wie er die Händler aus dem Tempel gejagt habe. Sie wurde ziemlich laut.

Wir gingen dann freiwillig und viele Besucher kamen mit. Vor der Kirche standen wir erst mal ratlos da. Keiner wollte so recht nach Hause gehen. Einige meinten, sie hätten das richtig gut gefunden, was wir gesagt haben, und auch die Lieder seien schön gewesen. Und dass die Frau verrückt sei, jedenfalls so einen Eindruck mache. Mit einem jungen Mann sprachen wir länger. Ich sah ihn zum ersten Mal. Er meinte, dass sei ihm noch nie passiert, dass er rausgeschmissen wurde. Ich sagte, genau genommen wäre ja auch nicht er rausgeschmissen worden, sondern wir. Aber das ließ er nicht gelten. Ihr habt in meinem Namen gesprochen, sagte er, und wir bedankten uns, weil wir uns freuten über seine Solidarität.

Es nieselte – und das war ziemlich ungemütlich. Gegenüber gab es eine Dönerbude, und wir kamen überein, den Ort zu wechseln. Da drinnen war es wenigstens warm und Hunger hatten wir auch. Wir zogen also rüber. Wie heißt du, fragte ich den Mann. Er lächelte nachsichtig. Jesus, sagte er. Und du?

Joy to the world
the Lord is come!

15

Unsichtbar

Herr Winkelhake hat alle Hände voll zu tun. Das sieht jeder. Da kann er sich nicht auch noch darum kümmern, was Mutter zu Weihnachten bekommt. »Das könnt Ihr wirklich allein entscheiden«, ruft er, beißt in einen grünen Apfel und stürzt aus dem Haus. »Aber es ist *deine* Mutter«, ruft Herr Winkelhakes Frau hinter ihm her, doch Herr Winkelhake ist bereits fort.

Herr Winkelhake ist wichtig. Herr Winkelhake fährt jeden Morgen mit seinem Fahrrad in die Firma, wo ihn erstens ein frisch gebügelter Anzug, zweitens vier Tageszeitungen in Papierform und drittens ein frisch gepresster Papayasaft erwarten. Dann geht es los. Abends um sieben erinnert ihn die WhatsApp-Nachricht seiner Frau, dass zwei Kinder auf ihn warten. Dann fährt Herr Winkelhake nach Hause, weil er kein Unmensch ist und weil ihm sehr wohl etwas an seiner Familie liegt. »Die Kinder vergessen noch, wer ihr Vater ist«, sagt Frau Winkelhake manchmal, wenn ihr alles zu bunt wird. Das will Herr Winkelhake nicht. Es ist eine schreckliche Vorstellung für ihn.

Herrn Winkelhakes Erfolg speist sich aus den Gegebenheiten, dass er schlau ist, über volles schwarzes Haar verfügt und sein Gegenüber nie im Zweifel darüber lässt, dass er recht hat. Frau Winkelhake schätzt das alles an ihrem Mann, nur würde sie sich ein wenig mehr familiäre Innigkeit wünschen. Besonders im Advent. »Wie du dir das vorstellst«, entgegnet Herr Winkelhake, »gerade vor Weihnachten, da denken doch alle nur noch an Glühwein und *Jingle Bells*. Da geht nichts, aber auch gar nichts ohne mich. Deine Zeit möchte ich haben – niemand, der etwas von einem will. Glaub mir, das ist ein Traum!« Frau Winkelhake will ihren Gatten gerade erinnern, dass da ja die Kinder sind, die naturgemäß immer etwas von einem wollen und dass da auch noch die bereits erwähnte Schwiegermutter ist, die eigentlich überhaupt nicht in ihren Zuständigkeitsbereich fällt, eben weil sie nicht ihre Mutter ist – aber dann sagt sie einfach: »Auch du bist nicht unersetzlich.«

»Schatz«, erwidert Herr Winkelhake und macht eine bedeutungsvolle Pause. »Das bin ich. Du glaubst nicht, wie der Laden ohne mich aussähe. Da würde nichts mehr laufen!«

Er küsst seine Gattin auf die Stirn, nimmt einen Apfel und geht zur Tür hinaus.

Am 3. Dezember fallen die Kurse. Am 4. Dezember verbringt Herr Winkelhake die Nacht im Büro. Am 6. fliegt er nach Chicago. Am 7. Dezember bittet seine Tochter Ida um einen Termin zwecks eines verbindlichen Playmobilspiels. »Der Papi kann nicht«, erklärt Herr Winkelhake zwischen zwei Bissen Apfel, »er wird dringend im Büro gebraucht.«

Als er dort ankommt, warten 23 Rückrufbitten und zwei Skype-Konferenzen. Herr Winkelhake lässt sich in seinen Stuhl fallen. Dann geschieht etwas Seltsames. Seine Sekretärin kommt herein, schaut sich nach allen Seiten um, als suche sie etwas, setzt einen irritierten Blick auf und dreht sich wieder um. »Frau Kleinlein?«, aber Frau Kleinlein reagiert nicht. Frau Kleinlein geht einfach, als wäre er gar nicht da. Herr Winkelhake schüttelt den Kopf und greift zum Hörer. Er wählt die erste Nummer von der Liste. »Newtopa Agency«, meldet sich eine Stimme. »Winkelhake«, ruft Herr Winkelhake. »Hallo?«, unterbricht ihn die Stimme. »Hallo?«, dann ist die Verbindung unterbrochen. Dieselbe Erfahrung macht Herr Winkelhake bei den nächsten beiden Nummern und kommt zu dem Schluss, dass hier eine Störung vorliegen muss. »Frau Kleinlein?« Nichts. Dabei hört er das Klackern ihrer Tastatur. Mit einem Seufzen steht er auf und begibt sich ins Vorzimmer. »Frau Kleinlein? Da ist was mit der Leitung nicht in Ordnung ...« Keine Reaktion. Er tritt einen Schritt näher und schwenkt versuchsweise seine Hand vor ihren Augen. Keine Reaktion. Frau Kleinlein tippt ungerührt weiter. Vielleicht hat sie eine Art Schlaganfall? Herr Winkelhake reißt die Tür zu Schneiders Büro auf, aber Herr Schneider blickt nicht mal auf. Herr Winkelhake bleibt ratlos stehen und kommt nicht umhin festzustellen, dass er Luft zu sein scheint. Offenbar nimmt ihn niemand wahr, alles geht seinen gewohnten Gang. Sein Fehlen scheint niemandem besonders aufzufallen, jedenfalls nimmt er keine Aufregung wahr. Jeder scheint seine Aufgaben gut bewältigen zu können. Im ersten Moment will Herr Winkelhake seine Arbeit wie gewohnt fortsetzen, aber plötzlich scheint ihm das sinnlos, wenn niemand Notiz von ihm nimmt. Er holt seinen Mantel. Zum ersten Mal in seinem Leben macht er mittags Feierabend. Im Fahrstuhl wohnt er einem Gespräch über eine Darmuntersuchung bei, was ihm unangenehm ist. Neben der Firma gibt es einen Coffeeshop und obwohl er Kaffee sonst meidet, hätte er jetzt gern einen getrunken, aber auch hinter der Theke bemerkt ihn niemand. Zu Hause schließt er die Tür auf. Ida spielt mit Emmy Zoo. Seine Frau liest in einem Magazin. Keiner begrüßt ihn. Er legt seinen Mantel ab. Entgegen seiner Gewohnheit nimmt er sich zwei Spekulatius. Herr Winkelhake ist ratlos. Was ist bloß geschehen? Und wie lange wird dieser Zustand anhalten?

Am Abend wäre er gern von seiner Frau in den Arm genommen worden. Das kommt nicht zu häufig vor, doch in diesem Moment ist in ihm eine nie gekannte Traurigkeit. Er lebt, so viel ist klar, und dennoch scheint er völlig isoliert von dieser Welt zu sein, weil niemand sein Dasein bemerkt. Und plötzlich, genau in diesem Moment, erkennt Herr Winkelhake, der sich in seinem ganzen Leben noch nie um Religion gekümmert hat, Gott. So, denkt er, genau so wie ihm muss es Gott gehen. Da sein, ohne wahrgenommen zu werden. In dieser Nacht werden sie Gefährten, der einsame Gott und der einsame Herr Winkelhake.

Fürchtet euch nicht

16

Der unerklärliche Engel

Man muss es aushalten können, das Unerklärliche. Man muss mit dem Unverfügbaren leben können. Wenn es Ihnen schon den Tag vergällt, weil der Bäcker Ihr Lieblingsbrot nicht mehr hat, dann werden Sie es schwer haben. Vielleicht zu schwer. Ich meine ja nur. Ich will Ihnen nicht zu nahe treten. Vielleicht essen Sie gar kein Brot. Weizen soll ja auf einmal schädlich sein. Belegen können Sie das nicht, obwohl es da bestimmt Studien gibt. Sie haben so ein Gefühl, dass es Ihnen besser geht ohne Brot. Ansonsten glauben Sie nur, was sich beweisen lässt. Als ob Sie Mathematiker wären oder Physiker. Als ob Sie die Stringtheorie verstünden. Trotzdem vertrauen Sie darauf, dass es sie gibt. Weil ein anderer sie beweisen kann. Ich vertraue darauf, dass ein anderer glauben kann. Warum sollte das weniger Gewicht haben? Wenn einer sagt, er habe einen Engel gesehen und dieser Engel habe sein Leben verändert oder vielleicht auch nur einen Moment in seinem Leben, dann könnte das ein Hinweis sein. Dass mir das auch passieren könnte. Wie gesagt. So ein Engel ist unverfügbar. Man kann ihn nicht buchen. Sie können nicht fordern, dass er sich Ihnen jetzt, genau jetzt zeigen soll, damit Sie an ihn glauben. Sie haben nicht die Macht. Der Größte sind nicht Sie. Damit müssen Sie leben. Sie müssen vertrauen, dass er kommt. Aber Sie vertrauen ja auch der Deutschen Bahn. Selbst wenn die Tafel bereits 25 Minuten Verspätung anzeigt, harren Sie weiter aus.

Die Gläubigen sind die Mutigen. Ich rechne mit dem Unberechenbaren. Es begegnet einem so oft. Ich habe einen Engel gesehen. Als mein Vater starb, saß ich im Zug. Ich hatte gerade die Nachricht erhalten. Es war eine fürchterliche Nachricht, sie riss meinen Alltag entzwei. Da lag noch das aufgeschlagene Buch. Der Schaum auf dem Kaffee löste sich auf. Die Wirklichkeit hatte ihr Programm gewechselt, ohne mich zu fragen. Der Zug fuhr einfach weiter. Ich fiel in einen Sekundenschlaf. Da sah ich, wie der Engel meinen Vater hochhob. Sie schwebten hinauf, es sah leicht aus. Mein Vater lachte, er lachte wie ein Junge. Sein Haar war lockig.

Ich erwachte wieder. Der Zug ruckelte, ich musste nach Hause.

Sie sagen: schön. Ein schöner Traum zur rechten Zeit. Kein Engel. Woher wollen Sie wissen, dass das nicht dasselbe ist? Ich hätte ja auch von sauren Gurken träumen können.

Es passiert so viel, das nicht erklärbar ist. Und damit meine ich nicht grundsätzlich unerklärlich. Ich meine, dass etwas geschieht an einem ganz bestimmten Ort zu einer ganz bestimmten Zeit. Dass sich ein Bild oder ein Mensch oder eben ein Traum vor Ihre Augen schiebt und die Wirklichkeit verschiebt, ein paar Millimeter nur, aber Sie wissen, was Millimeter bedeuten. Beim Bau einer Brücke zum Beispiel oder wenn Sie Weitspringer sind.

Sehen Sie, ich bin ein nüchterner Mensch. Schwärmereien liegen mir nicht, im Gegenteil, sie sind mir sogar ein bisschen peinlich. Ich glaube, es ist nicht von Nachteil, nüchtern zu sein, wenn man einen Engel sehen möchte. Vielleicht ist es sogar von Vorteil. Ich brauche nicht den Nebel eines Räucherstäbchens. Alkohol macht mich müde. Ich glaube, es reicht, wach zu sein. Ganz wach.

Wie gesagt, es gehört Mut dazu. Sie müssen aushalten können, was Ihnen begegnet. Auch das Nichts. Es wird anders sein, als Sie denken.

Wie soll ich dich empfangen

und wie begegn' ich dir?

17

Herberge

Am Morgen des 24. klingelt Gott an der Tür von Frau Schmolka, die gerade im Begriff ist, Birnen in eine Pute zu stopfen.

»Das kommt mir aber ungelegen«, stöhnt sie, was eigentlich jeder verstehen muss, weil man am Heiligen Morgen niemanden mehr besucht.

Gott scheint das nicht zu wissen. Er tritt ein und steuert auf Frau Schmolkas Wohnzimmer zu, in dem der Tannenbaum bereits probeweise leuchtet. »Oh«, ruft sie, »da ist doch schon alles fertig!« Gott scheint das als Einladung zu betrachten und setzt sich. »Was gibt es denn?«, fragt Frau Schmolka und ringt nervös die Hände. Schließlich ist es schon fast elf. Um zwei kommen die Kinder.

»Ich suche eine Unterkunft für einen Jungen und seine Eltern.«

»Ach.« Frau Schmolka ist überrascht, dass Gott sich jetzt auch um so was kümmert, wo es doch das Sozialamt gibt oder die Bahnhofsmission oder wer immer dafür zuständig ist.

»Warum nehmen sie kein Hotel? Es gibt sehr schöne Hotels hier ...«

»Alles voll.« Gott zuckt mit den Schultern. »Es ist Weihnachten ...«

»Ja, das hätten die sich eben früher überlegen müssen.« Frau Schmolka hat es noch nie verstanden, warum Menschen zu Spontanreisen neigen. Sie bucht ihren Urlaub sechs Monate im Voraus, drei Wochen Büsum in der Pension Seemöwe. Frühstück inklusive. Da kann so etwas nicht passieren. Die Welt wäre um einiges geordneter, wenn das alle so machen würden.

»Sie mussten fliehen.«

»Schlimm, schlimm, was es auf der Welt alles gibt.« Sie schielt in die Küche. Wenn sie doch schon mal das Wasser für die Klöße aufsetzen könnte ... Es ist wirklich nicht der richtige Zeitpunkt, um über das Elend der Welt zu lamentieren. Aber Gott lässt nicht locker: »Ja, in der Tat. Der Sohn bekam Morddrohungen.«

»Dann wird er sicher etwas auf dem Kerbholz haben. Ich«, betont Frau Schmolka und würde jetzt wirklich gern zurück zu ihrer Pute, »habe jedenfalls noch nie eine Morddrohung erhalten.«

»Er ist ein Säugling.«

»Na, dann sind es eben die Eltern.« Von nichts kommt nichts, das ist eine Regel, an die man sich halten kann. Ordentliche Leute haben sich nichts vorzuwerfen und dass Unschuldige einfach so verfolgt werden, das kann Frau Schmolka keiner erzählen. Nicht mal Gott.

»Ich dachte«, sagt Gott nachdenklich, »sie könnten hier eine Weile bleiben.«

»Hier?«, Frau Schmolka glaubt sich verhört zu haben. Gott scheint nicht bei Sinnen zu sein. Wie kommt er auf so eine Idee? Hier, in ihrem Wohnzimmer, fremde Leute? Was ist, wenn die an die Sparbücher gehen? Man weiß doch auch gar nicht, ob die sauber sind. Das wäre es noch, Läuse zu Weihnachten. Sie schüttelt energisch den Kopf. »Ich kenne die doch gar nicht!«

»Aber ich.«

»Wie stellst du dir das vor! Wir wollen Weihnachten feiern!«

»Das passt ja.«

»Die Kinder kommen, da will man keine Fremden im Haus.«

Gott seufzt sehr tief. »Das sagen die Leute seit 2000 Jahren schon.«

»Na, siehst du!« Frau Schmolka hat es noch nie eingesehen, warum man Dinge ändern muss, die sich offenbar bewährt haben. Wenn jeder in den eigenen vier Wänden bleibt, dann ist allen geholfen. Sie selbst wohnt seit 39 Jahren zweites Obergeschoss rechts, 74 Quadratmeter, das ist nicht viel. Die Kinder hat sie trotzdem groß bekommen und aus allen ist etwas geworden. Günther hat nie viel Geld nach Hause gebracht, aber es hat gereicht. Dann muss man eben Kartoffelpuffer zum Mittag machen und Erbsensuppe, das schmeckt und ist trotzdem günstig. Aber die jungen Leute, die wollen heute ja alle Pizza und Fertiggerichte, weil keiner mehr kochen kann, geschweige denn einen ordentlichen Braten zubereiten. Kein Wunder, dass alles den Bach runtergeht. Und jetzt soll sie, nachdem sie 60 Jahre lang gespart hat, um im Alter ein bisschen Wohlstand zu haben, die Welt retten? Während die anderen nichts tun. Das ist ja nun wirklich ein bisschen viel verlangt. Sie schüttelt wieder den Kopf. Fremde! An Weihnachten! Soll sie etwa den Enkeln ihre Geschenke vorenthalten? Soll sie ihnen sagen, tut mir leid, Weihnachten fällt heute aus, da sind Leute im Wohnzimmer, denen hat die Pute vorzüglich geschmeckt?

Manchmal scheint es ihr, als habe Gott den Blick für die Realität verloren.

»Tut mir leid«, sagt sie mit fester Stimme, »es wird jetzt wirklich Zeit. Schön, dass du vorbeigeschaut hast. Ich muss mich ums Essen kümmern, damit wir nachher pünktlich zur Kirche kommen. Du weißt selbst, wie voll es dort ist.«

Dann geleitet sie Gott hinaus, freundlich, aber bestimmt. Insgeheim, das muss man sagen, hegt sie sowieso einen Groll auf ihn. Er schuldet ihr was. Sie hat sich immer ordentlich benommen, keinem was zuleide getan, das Treppenhaus geputzt und Steuern gezahlt. Und jetzt kommt er mit so einer Bitte. Kein Dank, keine Belohnung, kein noch so kleines Wunder. Man könnte fast meinen, er würde den bequemen Weg wählen. Lässt seine Schäfchen für sich arbeiten, anstatt selber aufzuräumen. Und mal im Ernst, denkt Frau Schmolka, wo greift Gott heute denn schon noch ein?

Später, als es sich alle gemütlich gemacht haben und die Pute in den Mägen verdaut wird und Klaus seinen Schnaps getrunken hat, trägt Annemie die Weihnachtsgeschichte vor. Sie hat gerade erst lesen gelernt, letzten Sommer, und für diesen Abend hat sie lange geübt. Um der Oma eine Freude zu machen: »Da erschien der Engel des Herrn dem Josef im Traum und sprach: ›Steh auf, nimm das Kind und seine Mutter mit dir und flieh nach Ägypten und bleib dort, bis ich dir's sage; denn Herodes hat vor, das Kind umzubringen.‹ Da stand er auf und nahm das Kind und seine Mutter mit sich bei Nacht und entwich nach Ägypten.«

Mit glockenheller Stimme liest die Kleine. So niedlich.

Stern über Bethlehem

schein auch zu Haus

18

Das Märchen von der Christrose

Dem Hasen fiel es als Erstes auf. Natürlich dem Hasen, weil er neugierig ist. Von Haus aus. Er stellte die Ohren auf und schnupperte. Er sah sich um. Es war Winter, so viel war klar. Mochte er auch nicht ganz so schlau sein wie die Eule, daran bestand dennoch kein Zweifel. Es hatte geschneit. Es war kalt. Die Bäume sahen aus wie Gerippe. Was also sollte das?

Er brauchte Verstärkung. Hier handelte es sich zweifelsohne um ein seltsames Phänomen des Waldes, da tat man besser daran, es zu zweit zu untersuchen.

Der Hase traf auf die Maus. Das wäre sicher nicht seine erste Wahl gewesen, denn die Maus war so unglaublich ängstlich, dass man selbst als Hase wie ein Tiger wirkte. »Komm mit«, sagte der Hase deshalb so souverän wie möglich. »Im Wald ist etwas Sonderbares.«

»Etwas Sonderbares?«, fiepte die Maus und ihre Stimme überschlug sich. »Wie sonderbar? Ist es gefährlich? Hat es mit dem Bussard zu tun? Werden wir alle sterben?« Die Barthaare der Maus zitterten beträchtlich. »Nein«, seufzte der Hase, »du brauchst keine Angst zu haben.« Noch bevor er den Satz beendet hatte, hätte er sich ohrfeigen können. Was für ein Anfängerfehler! Sage nie, nie jemandem, der Angst hat, er brauche keine Angst zu haben. Sein alarmiertes Nervensystem nimmt einzig und allein das Wort »Angst« wahr und fühlt sich in seinen schlimmsten Fantasien bestätigt. Die Maus erstarrte zu einer Mausskulptur. »Ich meine, ich wollte sagen …« Ihm fiel nichts ein. »Es hat mit Essen zu tun«, schob der Hase lahm hinterher. Elegant war das nicht und kein anderes Tier des Waldes wäre auf einen so billigen Bluff hereingefallen, aber eine Maus war nun einmal eine Maus. Sofort begann ihr Näschen zu schnüffeln. »Kuchen«, rief sie, »ist es Kuchen? Ich liebe Kuchen. Oh Mann, und ich dachte schon, wir würden verhungern!« Der Hase ließ die Maus reden. Solange sie redet, dachte er, hat sie keine Angst.

Unterwegs trafen sie den Hirsch. Er zeigte sich wie immer uninteressiert. Mit einer Maus und einem Hasen zu verkehren lag deutlich unter seiner Würde. Betont beiläufig reckte er sein beachtliches Geweih in die Luft. »Hirsch«, plapperte die Maus unbeeindruckt,

»denk nur, der Hase hat was Seltsames gefunden, das kann man essen, aber erst bin ich dran, nicht du.« Der Hase verdrehte die Augen. Als ob ein Hirsch sich mit Mäusefutter abgeben würde. Dem musste man schon anders kommen. »Es ist prächtig«, begann er deshalb. »Eine außerordentliche Zierde für unseren Wald. Vielleicht des Prächtigste, was ich je gesehen habe ...« Der Hirsch runzelte die Stirn. Wenn jemand eine Zierde für den Wald war, dann ja wohl er. Dem Hasen ging der Hirsch gehörig auf die Nerven. Besonders, wenn er selbstverliebt im Sonnenuntergang weidete. Das sah zwar zugegeben elegant aus, aber es war dumm. Er war eine leichte Beute für die grünen Jäger. Nicht mal Haken schlug er, das wäre unter seiner Würde. »Na gut«, sagte der Hirsch und gähnte so gut er konnte, »wenn ihr mich so inständig bittet, dann schaue ich mir die Sache eben an.«

Kaum waren sie ein paar Schritte gegangen, stellte sich der Fuchs in ihren Weg. Der Hase zuckte zusammen. Die Maus auch. Der Fuchs war gefährlich, auch wenn er immer so freundlich tat. Sie mussten den Hirsch zwischen sich und den Fuchs bringen, solange waren sie in Sicherheit. »Worauf wollt ihr denn hinaus?«, fragte der Fuchs unschuldig und tänzelte lächelnd um den Hirsch herum. »Wer, wir?«, fragte der Hase zurück und tänzelte seinerseits auf die andere Seite des Hirsches. Die Maus folgte ihm wie hypnotisiert. »Sie haben etwas Imposantes gesehen«, schnaufte der Hirsch verächtlich. »So«, sagte der Fuchs und umrundete den

Hirschen ein weiteres halbes Mal. »Ich kann mir nicht vorstellen, was das sein soll«, fuhr der fort, »aber da sie nicht aufhören zu bitten, werde ich mir die Sache mal ansehen … he, jetzt steht doch mal still, da wird einem ja ganz schwummrig!« Der Hase beschloss, die Strategie zu wechseln. »Es ist sehr imposant. Es macht Mut. Wer es sieht, wird verwandelt und hat nie mehr Angst. Vor nichts und niemandem. Stell dir nur vor, Fuchs, alle Tiere des Waldes würden auf einmal mutig, wenn sie es sähen …« Das wollte sich der Fuchs gar nicht vorstellen. Denn natürlich profitierte er davon, dass alle in eine Schreckstarre verfallen, wenn sie ihn sehen. Niemals könnte er es mit einem Haken schlagenden Hasen aufnehmen. Besser also, man sieht sich die Sache erst an, bevor man sich Hase und Maus zur Brust nimmt. »Wie interessant«, sagte der Fuchs also, »wie ausgesprochen interessant. Das muss ich sehen.«

So stapften Hase, Maus, Hirsch und Fuchs durch den Wald.

»Hier«, sagte der Hase plötzlich. »Hier ist es.« Vor ihnen lag eine Lichtung und auf der Lichtung lag Schnee. Ein paar Wolken hingen tief und der Förster hatte die Abdrücke seiner Stiefel hinterlassen. Nichts daran war ungewöhnlich.

»Und?«, fragte der Hirsch. »Und?«, echote der Fuchs. »Und?«, fiepte die Maus, denn sie wollte den anderen in nichts nachstehen.

»Na hier, schaut doch. Seht ihr denn nicht, was das ist?«

Und da sahen sie es. »Eine Blume«, riefen sie im Chor und fragten sich, ob der Hase bei Verstand war. »Na und?«

»Na, seht doch – sie blüht! Mitten im Winter. Habt ihr denn so etwas schon mal gesehen? Das ist doch nicht normal!«

Dem konnte niemand widersprechen. Es war in der Tat nicht normal. Bei genauerer Betrachtung sahen die zarten Blätter im verharschten Schnee tatsächlich sehr apart aus. Nur: Blumen gehörten in den Sommer. Was also sollte das?

»Hör mal«, begann der Hirsch als unbestrittener König des Waldes und meinte die Blume, »du blühst zur falschen Zeit.«

Eigentlich war ihm die Sache ja egal, aber es musste alles seine Ordnung haben.

»Nein, tue ich nicht«, antwortete die Blume, und es klang resoluter, als man es bei einem so zartblättrigen Geschöpf erwartet hätte.

»Ich blühe, wann ich will, und ich will jetzt.«

»Warum?«, fragte die Maus verständnislos. »Bleib doch in der Erde, da ist es warm.«

»In der Erde sieht mich keiner«, antwortete die Blume und die Maus verstand nicht, was daran schlecht ist.

»Du solltest das nicht tun«, riet der Hirsch. »Du bringst die Ordnung durcheinander.«

»Gut so«, erwiderte die kleine Blume, die sich offenbar nicht so schnell einschüchtern ließ. »Ich blühe, wenn alles tot ist«, sagte sie stolz.

»Das ist sinnlos. Es gibt keine Bienen«, wandte der Fuchs ein.

»Sinn lässt sich nicht nach Nutzen bemessen«, antwortete die Blume, die sehr klug zu sein schien.

»Man muss sich mit den Gegebenheiten abfinden«, piepste die Maus, die sich angesichts des Fuchses schon vorsorglich auf ihren frühen Tod einzustellen versuchte.

»Niemals«, antwortete die Blume. »Man muss Hoffnung haben.«

»Aber du könntest erfrieren«, wandte der Hase ein.

»Man braucht Mut, um Hoffnung zu haben«, entgegnete die Blume.

Das gab ihnen zu denken, der Maus, dem Fuchs, dem Hirsch und dem Hasen. Staunend schauten sie die Blume an und kamen nicht umhin festzustellen, dass dieser Mut sehr schön anzusehen war.

Mitten im kalten Winter

19

Herr Wohllieb feiert Weihnachten

Herr Wohllieb hat sich schon immer gefragt, was Gott an Weihnachten macht. Weihnachten, findet er, ist nun mal ein Familienfest. Wie soll man eine ganze Pute auch allein aufessen? Aber Gott hat keine Familie. Obwohl es natürlich Maria und Jesus gibt. Dann ist da allerdings auch noch Josef und schon wird es kompliziert. Patchworkfamilien sind immer kompliziert. Besonders an Weihnachten.

Bisher ist er in der Frage zu keinem Ergebnis gekommen, und weil man nicht den ganzen Tag grübeln kann, beschließt Herr Wohllieb, einkaufen zu gehen. Es ist Mittwoch. Herr Wohllieb kauft immer mittwochs ein, weil das statistisch gesehen die wenigsten Menschen tun. Es gibt Montags- und Samstagseinkäufer. Die Samstagseinkäufer sind die Vorsorger. Sie schreiben eine Liste und besorgen alles, was sie in der kommenden Woche brauchen. Auch den Sonntagspudding vergessen sie nicht. Die Montagseinkäufer dagegen laufen panisch in den Supermarkt, weil ihnen am Wochenende aufgefallen ist, dass im Kühlschrank nur noch Toastbrot liegt.

Herr Wohllieb grüßt im Treppenhaus Frau Müggenbier, bewundert ihren Weihnachtsschmuck, der aus zwei Tannenzweigen und einer überdimensionalen Schleife besteht, und tritt hinaus in die kalte Luft. Vielleicht schneit es, denkt Herr Wohllieb, das wäre doch schön. Beschwingt von dem Gedanken, der ihn wie immer für ein paar Minuten in sein Kinder-Ich versetzt, macht er einen Abstecher durch den Park, füttert die Enten mit altem Brot, das er immer in der linken Jackentasche trägt. Dann kauft er eine Milchsemmel. Für sich selbst, nicht für die Enten.

Am Eingang des Supermarktes bleibt sein Blick an einem Plakat hängen: »Planen Sie Ihr Festtagsmenü! Bestellen Sie Gans! Auch vegetarisch!« Herr Wohllieb seufzt. Er würde wohl wie immer eine Dose Hering in Cognacsoße aufmachen und später ein Gläschen Sherry trinken. Aber nur eins, damit ihm nicht schwindelig wird. Einmal hatte er sich zu einem zweiten und sogar einem dritten Glas hinreißen lassen. Das war ihm nicht bekommen. Die Ecken der Möbel wurden auf einmal weich und ihm war, als wäre er zu lang Karussell gefahren. Diesen Zustand mochte Herr Wohllieb nicht. Er mag die Welt lieber scharf gestellt.

Feststeht, dass Herr Wohllieb auch diesen Weihnachtsabend allein verbringen würde. Er hat nichts gegen das Alleinsein, er findet in sich selbst einen angenehmen Gefährten. Nur an Weihnachten ist es etwas still. Eine Wolke treibt die ersten Schneeflocken vor sich her. Ob es im Himmel auch so still ist?

Herr Wohllieb legt den Kopf in den Nacken. Einem kindischen Impuls folgend, streckt er die Zunge raus und fängt tatschlich ein paar Flocken. Plötzlich sieht er Gott, wie er auf einer Wolke sitzt und ihm mit einem Glas Sherry zuprostet. Natürlich nicht wirklich, aber fast wirklich und das ist genauso gut. Er muss lächeln über dieses Bild, und da kommt ihm ein verwegener Gedanke: Was, wenn er Gott Weihnachten einfach zu sich einlädt? Da sie beide doch alleinstehend sind, könnten sie es sich zusammen gemütlich machen. Sogar einen Tannenbaum würde er kaufen, weil sich das für zwei eher lohnt als für einen.

Erfüllt von diesem Gedanken läuft Herr Wohllieb nach Hause. Er brüht sich eine Tasse Kaffee auf, bestreicht die Milchsemmel mit Butter und lässt sich die Sache durch den Kopf gehen. Schließlich holt er einen Bogen Briefpapier aus der Schublade, schraubt seinen Füller auf und schreibt: »Lieber Gott ...« Nein, das ist zu kindlich. Er knüllt das Papier zusammen. »Sehr geehrter Allmächtiger ...« Nein, zu formell. Er schaut zur

Zimmerdecke, räuspert sich und sagt: »Ich lade dich ein. Hörst du? Heiligabend bei mir. Es gibt auch ein Menü. Kommst du?« Er horcht einen Moment, und weil er keinen Widerspruch vernimmt, beschließt Herr Wohllieb, das als Zusage zu nehmen.

In den nächsten Tagen hat er viel zu tun: Er bürstet die Polster, wischt oben auf dem Schrank Staub und putzt die Fenster, was gar nicht so leicht ist, weil er friert. Am meisten beschäftigt ihn die Frage, was es zu essen geben soll. An Weihnachten wäre wohl ein Festmahl angebracht. Aber so etwas hat er noch nie gemacht. Außerdem weiß er nicht, ob Gott Vegetarier ist. Er würde doch wohl kaum seine eigenen Geschöpfe essen, oder? Ihm fällt Kartoffelbrei mit Ei ein. Das hat es bei seiner Mutter gegeben. Kartoffelbrei mit Ei zu kochen, das würde er vielleicht hinbekommen, so schwer kann das ja wohl nicht sein. Man braucht einen Kartoffelstampfer und Rahmspinat aus dem Tiefkühlregal. Herr Wohllieb hat noch nie für jemanden gekocht. Dass es gleich das erste Mal für Gott sein soll, macht ihn etwas nervös. Er beschließt, als Nachtisch Vanillepudding zuzubereiten. Allerdings hat seine Mutter sonntags immer auch eine Suppe gekocht, und Weihnachten war schließlich eine Art Sonntag. Nur wie kocht man eine Suppe? Es gab natürlich solche in Tüten. Aber Suppe aus einer Tüte widerspricht sich doch eigentlich von selbst.

Im Regal findet er ein Paket Sternchennudeln und eine Flasche Tomatensaft. Manchmal trinkt Herr

Wohllieb ein Glas Tomatensaft und stellt sich vor, er säße im Flugzeug und trüge einen Anzug und wäre auf dem Weg zu einem wichtigen Treffen. Eine Stewardess in einem schicken Kostüm fragte ihn, ob er Tabasco wünsche. Also Tomatensuppe, beschließt Herr Wohllieb.

Heiligabend ist er sehr aufgeregt. Alles geht durcheinander, die Nudeln hätte er beinahe in den Spinat gekippt und im Vanillepudding sind Klümpchen. Aber am Ende ist doch alles gut. Er deckt den Tisch, findet Servietten und sogar eine rote Kerze. Dann betrachtet er sein Werk und ist sehr zufrieden. Es ist fünf Uhr. Wann Gott wohl kommt?

Zu Hause gab es immer um sechs Uhr Abendbrot. Also bleibt noch Zeit, sich umzuziehen. Schließlich will er Gott nicht im Pullunder gegenüberstehen. Er nimmt das weiße Hemd vom Bügel. Eine Krawatte hat er lang nicht mehr gebunden, aber es gelingt ihm. Das Jackett steht ihm gut. Auch daran, seine Schuhe zu putzen, hat er gedacht. Sie glänzen. Um zehn vor sechs klingelt es. Herr Wohllieb geht zur Tür. Er ist aufgeregt, als er sie öffnet.

Vor ihm steht Frau Müggenbier. »Ich wollte fragen«, beginnt sie und unterbricht sich, »oh, bei Ihnen riecht es ja gut. Und was sehen Sie fein aus!«

»Ja, ich warte ...« Herr Wohllieb weiß nicht, was er sagen soll, wie er erklären soll, dass kein anderer als Gott sein Gast sein wird, deshalb fragt er: »Möchten Sie hereinkommen?«

Sie wolle nicht stören, antwortet Frau Müggenbier und sieht auf einmal schüchtern aus. Wenn er so frage, und wo es doch so gut rieche ... Da sie schon einmal drinnen ist, lehnt sie auch einen Teller Tomatensuppe nicht ab.

»Köstlich«, seufzt Frau Müggenbier und tupft sich mit der Serviette ihre Lippen ab, nachdem sie über Kormoran, das schöne Wort, Nachtschattengewächse und den chinesischen Zirkus gesprochen haben. »Jetzt muss ich wirklich wieder runtergehen.« Herr Wohllieb begleitet sie zur Tür und wünscht Frau Müggenbier beschwingt frohe Weihnachten. Das war nett, denkt er, während er die Teller abräumt.

Er sieht auf die Uhr. Fünf vor sieben. Vielleicht isst Gott gern später. Da klingelt es wieder. Vor der Tür steht niemand. Herr Wohllieb drückt den Summer. Er hört die Eingangstür und dass jemand die Treppe heraufkommt. Es ist ein alter Mann. Er trägt einen Hut und einen karierten Schal. »Sind Sie ...«, beginnt Herr Wohllieb.

»Ich habe mich verlaufen«, sagt der Mann und sieht traurig aus. »Dürfte ich von Ihnen aus meine Tochter anrufen?« Er nimmt den Hut ab. Sein Haar ist wirr.

»Sicher doch.« Herr Wohllieb bittet den Mann herein, und weil der Mann so verloren aussieht, bietet er ihm Kartoffelbrei an.

»Ich will wirklich nicht stören ...«

»Aber nein«, versichert Herr Wohllieb, »Sie stören gar nicht. Außerdem ist Weihnachten!« Nach dem ersten Löffel kehrt Farbe in die Wangen des Mannes zurück und er lächelt wie ein Junge. »Den hat meine Mutter immer gemacht.«

»Meine auch«, ruft Herr Wohllieb, und einen Moment kommt es ihm vor, als wären sie Brüder in kurzen Hosen, die vom Spielen kommen.

Was für ein liebenswerter Herr, denkt Herr Wohllieb, nachdem seine Tochter ihn abgeholt hat.

Der Kartoffelbrei ist alle und der Spinat auch. Wo Gott nur bleibt? Mittlerweile ist es halb neun. Da klopft es. Herr Wohllieb öffnet die Tür. Vor ihm steht Malil aus dem dritten Stock. »Hast du vielleicht ein Glas Apfelsaft für mich? Ich habe so Durst.« Das Mädchen schaut ihn hoffnungsvoll an.

»Wo ist denn deine Mutter?«, fragt Herr Wohllieb besorgt.

»Sie war so traurig und dann ist sie zu Heinz gegangen.« Heinz gehört die Löwenschänke. Malils Mutter sitzt dort oft, aber das ist eine andere Geschichte.

»Komm rein«, sagt Herr Wohllieb, »ich habe Vanillepudding.«

Später, als er Malil ins Bett gebracht hat und noch ein halbes Glas Sherry trinkt, denkt er, was für ein schöner Weihnachtsabend das war. Nur schade, dass Gott nicht dabei war. Er wirft einen letzten Blick auf den Tannenbaum, zieht den mintgrünen Pyjama an und löscht das Licht.

Im Traum bringen ihm zwölf Engel eine Postkarte.

Lieber Bernd,
danke für den schönen Abend. Das Gespräch über Kormorane
fand ich sehr interessant. Der Kartoffelbrei war köstlich und
ins Bett gebracht hat mich schon lange niemand mehr.

Schlaf gut, dein Gott

EINLADUNG
24. 12.

An gott

Kehrt mit seinem Segen
ein in jedes Haus

20

Die Angst und das Schaf

Ich brauche ein Schaf. Ein Schaf beruhigt mich. Es muss kein echtes sein. Ein echtes Schaf will raus, wenn ich Zeitung lesen will, und es macht Dreck. Ein Mensch macht auch Dreck, benutzt aber eine Toilette und man kann ihm beibringen, wie ein Staubsauger bedient wird. Ich glaube auch, dass so ein Schaf sich draußen besser fühlt. Es soll Menschen geben, deren natürlicher Lebensraum ein Fernsehzimmer mit Sofa ist. Ich kenne kein Schaf, für das das gilt. Ein Schaf will mit seinen Kumpels auf die Weide. Dort ist es glücklich, jedenfalls bis der Schlachter kommt. Mit solchen Problemen braucht sich ein Plüschschaf nicht rumzuschlagen. Es lebt ewig.

Ich bin ein erwachsener Mensch. In meiner Wohnung gibt es lasiertes Holz, Lack, Glas. Kein Plüsch. In meinem Schlafzimmer liegen eine Matratze, eine Bettdecke und ein Kissen. Keine Teddybären, keine lustigen Tierkissen. Ich gehe allein ins Bett.

Trotzdem möchte ich ein Schaf. Ich weiß nicht, wie ich auf Schaf komme. Landwirtschaftsromantik war noch nie mein Ding. Ich stelle keine Sonnenblumen in ausrangierte Milchkannen. Kinderbücher, in denen Pferde die Felder pflügen, sind mir suspekt. Trotzdem soll es ein Schaf sein. Es beruhigt mich.

Mein Therapeut sagt, ich solle mir einen Hamster kaufen. Der ist lebendig und macht nicht viel Arbeit. Aber ich habe Freunde, und auch wenn ich gerade Single bin, brauche ich keinen Hamster zum Kuscheln. Ich komme klar. Ich bin so normal wie jeder mittelneurotische Großstädter. Ich habe keine Angst, nachts zur U-Bahn zu gehen. Finstere Typen schrecken mich nicht; ich gehöre zu keiner Gang, also gehe ich davon aus, dass ihr Interesse an mir minimal ist. Meine Mutter mahnt regelmäßig, ich solle auf mich aufpassen. Man höre so viel. Aber eine Großstadt ist auch nur eine Kleinstadt, multipliziert mit sich selbst. Meine größte Angst ist, dass ich mein Fahrrad nicht mehr da finde, wo ich es abgestellt habe, weil ein anderer es vorher gefunden und zu seinem erklärt hat. Das ist eine berechtigte Angst, statistisch gesehen.

Dann gibt es noch die irrationalen Ängste. Für die brauche ich das Schaf.

Zum Beispiel habe ich Angst vor hohen Höhen. Auch wenn ein Geländer angebracht ist. Dem traue ich dann nicht. Vor allem traue ich mir nicht. Vielleicht springe ich aus Versehen. Ich habe Angst, dass eine Spinne an meinem Bein hochklettert, jedenfalls dann, wenn ihre eigenen Beine die fünffache Länge ihres Körpers messen. Sie darf gern still in der Ecke sitzen und Mücken knuspern. Aber mein Bein soll sie in Ruhe lassen. Ich habe Angst, versehentlich Schimmel zu verschlucken, wenn ich aus einem Tetrapack trinke (das tut man ja auch nicht). Ich habe Angst, in der Mittagshitze einen leeren Platz zu überqueren, weil das in Filmen meistens der Moment ist, in dem jemand schießt. Meistens habe ich auch vor meiner Zahnärztin Angst, obwohl sie eine freundliche Person ist und seit Jahren beweist, dass sie ihren Beruf versteht.

Natürlich habe ich auch vor anderen Sachen Angst. Sagen wir, vor vernünftigeren Dingen; dass meine Rente dereinst nicht reichen wird, dass die rechten Stimmen immer lauter krakeelen, dass die Kriege auf dieser Welt nicht weniger, sondern mehr werden. Aber das sind andere Ängste. Kopfängste könnte man sie nennen. Denn sie lassen mit sich reden. Sie basieren auf Tatsachen, und ich kann ihnen mit anderen Tatsachen begegnen. Wir können ein vernünftiges Gespräch führen, die Fakten abwägen und dann geht es wieder. Wir benehmen uns wie Erwachsene.

Die Spinnen, Türme, Plätze dagegen sitzen im Bauch. Sie lassen überhaupt nicht mit sich reden. Sie brüllen wie missgestimmte Babys, die nicht verstehen, dass die Milch gleich fließt. Sie glauben zu sterben. Man kann ihnen nicht mit Argumenten kommen.

Ich las einmal von einer Frau, die sehr große Ängste hatte. Ihre Therapeutin schenkte ihr einen kleinen Eisbär. Keinen echten natürlich, sondern einen flauschigen mit großen Augen. Sie sollte sich vorstellen, jener Eisbär sei ihre Angst und wie man auch bei einem Baby nicht anfängt zu diskutieren, sollte sie ihre Angst in den Arm nehmen und trösten. Ich weiß, das klingt jetzt ein bisschen gaga. Aber ich fand die Vorstellung verblüffend.

Deshalb will ich ein Schaf. Mit einem Schaf geht es bestimmt auch. Mit Eisbären habe ich es nicht so. Ihr Fell soll hart und borstig sein.

Schafe gucken mild. Ich stelle mir vor, wie ich es im Arm wiege und denke, eigentlich ist sie ja ganz niedlich, meine Angst. Sehr ängstliche Menschen werden jetzt vielleicht ärgerlich rufen, dass ich sie nicht ernst nehme. Dass es so einfach nicht ist. Stimmt, einfach ist es nicht, das kann ich bestätigen. Aber wir ängstlichen Menschen verfügen über einen entscheidenden Vorteil: Wir haben viel Fantasie. Wir stellen uns vor, was alles passieren könnte, da schlackern den Mutigeren nur die Ohren. Wenn man über ein solches Maß an Fantasie verfügt, dann sollte man es auch nutzen. Eben zum Beispiel, indem man sich die Angst als Eisbär vorstellt oder als Schaf, als ängstliches Schaf, das man ein bisschen im Arm wiegt und dem man sagt: »Alles wird gut, ich passe ja auf dich auf.«

Weihnachten ist es so weit. Ich werde es mir unter den Baum legen. Es soll Bill heißen. Wenn mich jemand fragt, werde ich sagen, es gehört zur Krippe. Und irgendwie tut es das ja auch.

Fröhlich soll
mein Herze springen

21

Bei Gott zu Hause

Guten Abend, meine sehr verehrten Damen und Herren, liebe Zuschauer und Zuschauerinnen zu Hause vor den Bildschirmen. Heute möchte ich Sie zu einer ganz besonderen Weihnachtsfeier begrüßen. Begleiten Sie mich ins Haus Gottes. Tatsächlich ist es uns gelungen, eine Einladung bei dem Erfinder von Weihnachten zu bekommen. Wir schauen hinter die Kulissen. Konsum, Traditionsabbruch, Scheidungsfamilien. Ist Weihnachten in der Krise? Wir fragen: Wie feiert Gott selbst?

In zwei Stunden ist es so weit. Machen Sie Vorschläge, was ich als Ihr Vertreter im Himmel zu diesem außergewöhnlichen Anlass anziehen soll? Mit etwas Glück gewinnen Sie ein Starlight Handy inklusive der schönsten hundert Weihnachtsklingeltöne. Rufen Sie JETZT an.

(Werbepause. Wird in diesem Format nicht angezeigt. Es geht gleich weiter.)

Meine Damen und Herren, die Aufregung steigt. Wir alle fragen uns: Wie wird es sein im Hause Gottes? Wie wohnt der Herrscher aller Heerscharen? Wie man hört, lehnt er übermäßigen Luxus ab. Was also steht bei Gott auf dem Tisch? Ist er vielleicht sogar Vegetarier? Und wer wird – außer meiner Wenigkeit – zu den Gästen gehören? Mailen Sie uns Ihre Fragen JETZT und gewinnen Sie ein himmlisches Wellness-Wochenende inklusive einer privaten Weihrauchanwendung.

(Werbepause. Wird in diesem Format nicht angezeigt. Es geht gleich weiter.)

Liebe Zuschauer und Zuschauerinnen, langsam wird es ernst. Das Himmelstor ist aufgetan. Haha, ein kleiner Scherz meinerseits!

Ich gebe Ihnen jetzt vorab einen kurzen Überblick über die Familie Gottes, damit Sie sich gleich an den Bildschirmen zurechtfinden. Experten gehen davon aus, dass nur die engsten Verwandten geladen sein werden. Bei einer ähnlichen Feier Jahre zuvor sagten einmal alle Freunde ab, woraufhin Gott in letzter Minute beliebige Passanten von der Straße einlud. Es ist davon auszugehen, dass sich ein solches Desaster nicht wiederholen soll.

Zum engsten Familienkreis Gottes gehören Jesus, sein eingeborener Sohn, Maria, die Mutter, und Josef, der sein sozialer, jedoch mit hoher Wahrscheinlichkeit nicht sein biologischer Vater ist. Wobei, meine sehr verehrten Damen und Herren, es durchaus möglich ist, dass Josef der Feier fernbleibt, er hat sich bereits seit der frühen Jugend Jesu etwas zurückgezogen. Auch die Geschwister Jesu sind ein heikles Thema. Sie wurden bei ähnlichen Anlässen im Hintergrund gehalten, um die Einzigartigkeit Jesu herauszustellen. Man kann sich vorstellen, dass das nicht immer für Einigkeit in der Familie sorgt. Tja, Sie sehen, auch im Hause Gottes kann der Haussegen schief hängen, haha! Aber gut möglich, dass sich an einem solchen Tag, am Geburtstag Jesu, alle versöhnlich geben. Das kennt man ja aus der eigenen Familie.

Hochinteressant, meine Damen und Herren, dieser Blick hinter die Kulissen, ich mache mich jetzt auf den Weg, und nach einer kurzen Werbepause sehen wir uns im Himmel wieder!

(Werbepause. Wird in diesem Format nicht angezeigt. Es geht gleich weiter.)

So, liebe Zuschauer zu Hause, da bin ich also. Mitten im Hause Gottes. Einen Tannenbaum sehe ich nicht, dafür geht es doch lebhafter zu als angenommen. Ich sehe einen großen Tisch und sehr viele Gäste, man könnte meinen, die gesamte Menschheit tummelt sich hier. Noch konnte ich den Gastgeber nicht ausmachen. Am besten, ich stürze mich hinein ins Getümmel. Stille Nacht ist das nicht gerade, haha. Ich spreche einfach mal diesen freundlichen Herrn hier an:

»Frohe Weihnachten! Wer sind Sie denn?«

»Ich bin der Kain.«

»Oh. Sind Sie nicht ... ich meine, Sie sind doch ... haben Sie nicht Ihren Bruder umgebracht?«

»Ja.«

»Und da will man Sie noch auf so einer Feier dabeihaben?«

Erstaunlich, meine Damen und Herren, Sie sehen schon, hier werden völlig andere Maßstäbe angelegt ... Aber da haben wir auch schon unseren Gastgeber. Wenden wir uns lieber ihm zu: »Guten Abend, vielen Dank für die Einladung!«

»Bitte, bitte. Jederzeit. Mein Haus steht offen.«

»Das haben Sie sehr schön gesagt. Kommen wir doch gleich zu dem, was unsere Zuschauer am meisten interessiert: Ihre Familie. Weihnachten ist ja ein Familienfest. Bei uns auf der Erde steht es schlecht um die Familie, das haben Sie ja sicher schon gehört.«

»Ach?«

»Die traditionelle Kernfamilie gibt es immer seltener, wir kämpfen mit sogenanntem Patchwork. Jeder darf jeden lieben, man blickt manchmal kaum noch durch. Viele erhoffen sich gerade von Ihnen Impulse,

144

sozusagen von der Heiligen für die heile Familie. Stellen Sie uns Ihre Familie doch einmal vor.«

»Ja, also, Kain haben Sie ja schon kennengelernt. Da hinten sitzen seine Eltern, Adam und Eva.«

»Ah, die Urmutter und der Urvater sozusagen.«

»Sie verstehen sich seit geraumer Zeit eher mittelmäßig. Adam ist etwas nachtragend. Wegen der Sache mit dem Paradies damals.«

»Ah, nun, haha, so sind wir Männer eben … Um wen handelt es sich denn bei diesem reizenden Ehepaar dort drüben?«

»Das sind Abraham und Sarah. Isaak ist ihr einziger Sohn. Die Vater-Sohn-Beziehung ist angespannt. Isaak wirft seinem Vater vor, ihn geopfert zu haben. Da kommt er nicht drüber weg. Sie sind auch erst spät Eltern geworden.«

»In der Tat ein heikles Thema, auch bei uns auf der Erde. Frauen werden immer später Mütter. In Einzelfällen sogar jenseits der 50.«

»Sarah war über 90.«

»Ach… Nun, das kann man sicher nicht so eins zu eins vergleichen …«

»Also, bei uns ist das nichts Ungewöhnliches. Da drüben, sehen Sie? Das ist der Johannes. Der beste Freund Jesu. Seine Mutter wurde auch erst im hohen Alter schwanger. Sie war sehr glücklich, dass es doch noch geklappt hat.«

»Ach. Und wer ist der andere Junge dort nehmen Abraham?«

»Das ist Ismael. Isaaks Halbbruder aus einer kurzen Liaison mit Abrahams Magd.«

»Aus einer Liaison? Sie meinen ... eine außereheliche Beziehung?« Meine Damen und Herren, Sie sehen, davor ist man anscheinend auch im Himmel nicht gefeit. Wenden wir uns am besten der Hauptperson zu:

»Das ist also Jesus, das Geburtstagskind?«

»Richtig. Daneben Maria, die Mutter, dort hinten sein Vater Josef.«

»Der nicht der echte Vater ist ...«

»Er hat ihn großgezogen. Das nenne ich echt. Dann haben wir da hinten noch den Verlorenen Sohn.«

»Verlorener Sohn?« Meine Damen und Herren, hier den Überblick zu behalten, ist nicht leicht. »Um wen handelt es sich dabei?«

»Ach, der Junge musste sich erst austoben. Hat ein bisschen viel Geld auf den Kopf gehauen. Aber Schwamm drüber. Am Ende hat er sich ja besonnen.«

»Sie scheinen sehr tolerant zu sein, wenn ich mir dieses Urteil erlauben darf. Unsere Zuschauer werden sich sicher wundern.«

»Ja, Wunder gibt es hier öfter ...«

»Eigentlich meinte ich – na, egal. Sind das da hinten auch Freunde Jesu?«

»Nein, das sind David und Jonathan. Sie lieben einander sehr.«

»Was? Wollen Sie damit etwa andeuten, sie seien homosexuell?«

»Das müssen Sie die beiden schon selber fragen.«

»Ich weiß nicht, ob unsere Zuschauer das interessiert. Wer ist denn diese schöne Frau dort?«

»Das ist Maria Magdalena. Ich glaube, sie war die erste Freundin von Jesus.«

»Die erste ... was? Das wird jetzt einigen unserer Zuschauer nicht gefallen. Wollen Sie damit sagen, Jesus hat ... also ... das ist ...«

»Da halte ich mich raus. Das muss der Junge selbst wissen. Er scheint sie sehr zu mögen. Man munkelt, dass sie Prostituierte war, bevor sie ihn kennenlernte.«

»Bitte was? Und all diese Leute versammeln Sie an Ihrer Tafel?«

»Mit wem sollte ich denn sonst hier sitzen? Andere Menschen habe ich nicht.«

Und damit zurück zur Erde, meine Damen und Herren, wir verabschieden uns mit einem Potpourri der schönsten Weihnachtslieder ...

(Musik: Vom Himmel hoch, da komm ich her. Ich bring euch gute neue Mär. Der guten Mär bring ich so viel, davon ich singen und sagen will ...)

... der heut' schließt auf
sein Himmelreich

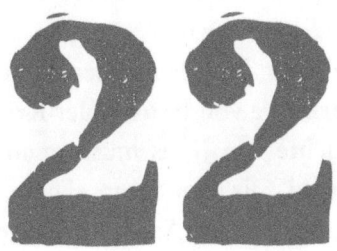

Die drei Könige

Wir waren zu dritt. Immer. Zu dritt sind wir auf Ennos Moped im Steinbruch rumgefahren. Zu dritt haben wir versucht, Schnaps zu brennen aus den eingekochten Kirschen von Pauls Oma. Hat aber nicht geklappt. Manchmal haben wir zusammen gelernt, aber nicht so oft. War sowieso egal, unsere Eltern hat es nicht interessiert und uns auch nicht so sehr. Wir träumten, irgendwann mal richtig groß rauszukommen. Vielleicht als Musiker. Paul hatte sogar eine Gitarre. Sie war immer ein bisschen verstimmt, aber wir taten unser Bestes. In der Schule waren wir mittelbeliebt. Wir waren keine Freaks, aber wir passten nicht zu den anderen.

Es war so eine integrative Schule. Die Kinder von den Ärzten, Lehrern und Medieneltern integrierten uns, so gut sie konnten. Aber eigentlich waren wir ihnen egal. Dann kam die Sache mit den Königen.

Es war die letzte Stunde vor den Weihnachtsferien. Herr Heuer erzählte von Jesus in der Krippe. Er meinte, die Geschichte von Jesus müsse man kennen, weil das Kulturgut sei. Ob man daran glaube, sei zweitrangig. Kultur ging uns am Arsch vorbei, entschuldigen Sie, dass ich das so grob sage. Wir giggelten die ganze Zeit, von wegen Maria, schwanger und mit wem die es wohl gemacht hatte, wenn es nicht Josef war. Ich meine: Wir waren 15. Keiner von uns hatte schon mal, also … Da spielten unsere Gedanken natürlich Kino. Ich stellte mir Maria wie Leila vor, zwei Reihen vor mir. Ich glaube, sie kam aus dem Libanon und sie hatte langes, schwarzes Haar. Ich war in Leila verknallt, aber das hätte ich ums Verrecken nicht zugegeben. Wenn so was jemand mitkriegt, dann kannst du einpacken. Dann hast du keine ruhige Minute mehr, du bist das Opfer, der Softie. Ich ließ mir also nichts anmerken, stellte mir nur vor, ich und Leila wären unterwegs. Statt des Esels würden wir Ennos Moped nehmen und irgendwie würde alles gut werden.

Weiter hörte ich gar nicht zu. Ich hatte drei kleine Geschwister. Das reichte völlig. Was interessierte mich da das Jesuskind?

Aber dann kamen die Könige auf den Plan, und ich horchte auf. Ich weiß auch nicht, warum. Ich meine,

Könige, die gibt es doch nur im Märchen und aus dem Alter war ich raus. Herr Heuer erklärte, das waren auch gar keine echten Könige, sondern Weise, aber das klang schon wieder so esomäßig, also beließ ich es bei Königen. Er sagte, wir sollten mal überlegen, was wir dem Jesuskind schenken würden. Die hatten so Sachen dabei, Gold und noch anderes, das habe ich schon wieder vergessen. Ich dachte plötzlich: Das willst du auch. Voll auf dicken Macker machen und so einem armen Kind einfach was vorbeibringen. Stell dir vor, du kannst das. Du hast so viel Geld, dass dich das nicht im Geringsten stört.

Ich weiß nicht, wie das ist. Wir hatten nie viel Geld. Meine Ma war Hartz IV, immer schon, so lange ich denken kann, und dauernd ist die Sozialtante vorbeigekommen und besprach Sachen, aber es wurde nicht besser. Manchmal gingen wir zur Tafel. Ich hasste das. Weil da nur Loser waren. Ich meine das nicht böse, aber so wollte ich nicht werden. Ich träumte davon, eine echte eigene Wohnung zu haben und echtes eigenes Geld zu verdienen.

Bringt nach den Ferien was mit, das ihr dem Jesuskind schenken wollt, sagte Herr Heuer und Enno, Paul und ich guckten uns an und dachten: Oh Scheiße, was sollen wir denn schon bringen, wir haben doch nichts. Paul erwog, seine Gitarre herzugeben. Ich fragte: »Spinnst du? Wie sollen wir denn dann berühmt werden?« Blieb noch das Moped. Enno sagte kategorisch Nein und drohte jedem Prügel an, der noch mal damit anfangen würde.

Die anderen in der Klasse waren reich. Vielleicht nicht superreich, aber die hatten fünf Paar Chucks und ihre Dads holten sie in einem Jeep ab. Leilas Vater war, glaube ich, Arzt. Sie wohnten in einem großen Haus und im Garten gab es einen Teich. Ich bin ein paarmal vorbeigegangen, halb hoffte ich, sie kommt raus, halb hatte ich Angst davor, weil ich hätte erklären müssen, was ich da mache.

Wir hockten am Kanal und warfen Steinchen ins Wasser und versuchten, die Enten zu treffen, aber nur halbherzig. »Was machen wir jetzt«, fragte Paul. Enno zuckte mit den Schultern. Das Wertvollste, das ich hatte, war ein Taschenmesser. Das hatte mir mal mein Onkel geschenkt. Bevor er mit Olga verschwand. Nur was soll ein Baby mit einem Taschenmesser? Später könnte es vielleicht mal nützlich sein, aber später dauerte eine Weile, wenn man gerade geboren war.

»Was braucht so ein Jesus eigentlich überhaupt? Ich dachte, der ist Gottes Sohn.«

Wieder zuckten wir mit den Schultern. Logisch war die Geschichte sowieso nicht. »Am besten Geld«, sagte Paul, »mit Geld kannst du alles machen.« Wir hatten zusammen zwei Euro siebzehn. »Vielleicht was zu essen«, schlug Enno vor, und ich wette, er dachte an den Vorratskeller von Pauls Oma. Paul meinte nur, er sei ein Spacken, Babys trinken an der Brust.

Was zum Anziehen?

Uns fiel einfach nichts Gutes ein. Nichts, was wirklich groß und besonders war, nichts was Königen würdig gewesen wäre.

»Weißte was?«, fragte Paul.

Paul war richtig schlau, nur dass er sich nicht lange konzentrieren konnte, weil sein Vater ihm wohl als Baby mal eine Flasche an den Kopf geworfen hat. Ich weiß nicht, ob das wirklich stimmt, wir reden über solche Sachen nicht. »Wir könnten doch was tauschen«, schlug er vor. Enno fragte, wie er sich das vorstelle. Kein Mensch bei Verstand würde etwas wirklich Wertvolles geben für unseren Kram.

Aber Paul hatte eine Idee: »Wir gehen von Haus zu Haus und fragen die Leute, ob sie etwas haben, das nur ein klein wenig wertvoller ist als das, was wir haben.«

»Wie stellst'n dir das vor?«, fragte Enno und mir war klar, was er von der Sache hielt. »Soll ich etwa mein Batman-Shirt ausziehen und fragen, hier, haben Sie was Besseres?«

Paul nickte. »Warum nicht?«

Ich fand die Idee irgendwie verrückt, aber irgendwie auch nicht. Außerdem war Weihnachten. Da machten Leute am ehesten so was.

Wir beschlossen, es zu versuchen. Ich meinte, es sei besser, wenn wir ein bisschen wie Könige aussähen, also bastelten wir uns Kronen aus Coladosen und hängten Bettbezüge über unsere Schultern. Dann zogen wir los. Unser Grundkapital war: 1 Batman-Shirt (getragen, ein kleines Loch unter der linken Achsel), 1 Kicker von letzter Woche und 1 rotes Matchbox-Auto, dem die Kofferraumklappe fehlte. Wir gingen einzeln los, weil wir dachten, dass die Leute eher eine als drei Sachen zum Tauschen hätten.

Erst traute ich mich nicht so richtig, einfach irgend-wo zu klingeln. Aber fast niemand schickte mich weg. Es war erstaunlich. Die Leute fanden unsere Idee lus-tig. Für den Kicker bekam ich eine CD mit Kuschel-rock. Ich tauschte sie gegen eine Hantel. Für die Hantel bekam ich einen alten Eierkocher. Für den Eierkocher einen Schlafsack. Ich überlegte kurz, ihn selber zu be-halten, riss mich aber zusammen und tauschte ihn ge-gen eine Pfeife aus Mahagoni. Für die Pfeife bekam ich einen Brieföffner aus Messing. Er sah aus wie ein kleines Schwert. Zu den meisten Dingen gab es eine Geschichte. Die Pfeife zum Beispiel gehörte einem Großvater, der einen Tabakladen geführt hatte, bis er starb. Dann gab es keinen mehr, der rauchte. Natürlich erzählte ich allen, dass die Sachen nicht für mich wären, sondern für das Jesuskind. Oft wurde ich hereingebeten und bekam Plätzchen und einmal sogar einen heißen Kakao. Ich war auf einmal wer. Ich war ein König.

Als es dunkel geworden war, trafen wir uns wieder. Paul hatte ein Kinderfahrrad dabei. Enno brachte ei-nen Füller mit goldener Spitze. Ich hatte ein Buch mit den schönsten Märchen aus aller Welt. Wir bewunder-ten die Dinge. So schöne Sachen hatte noch keiner von uns in den Händen gehalten. Wir waren sehr zufrieden. Damit konnten wir uns sehen lassen.

In der ersten Stunde nach dem Dreikönigstag war es so weit. Herr Heuer hatte die Wiege seines Jüngsten neben sein Pult gestellt. Er sagte, das sei jetzt die Krippe von Jesus und wir sollten hineinlegen, was wir hatten. Wir taten das sehr feierlich. Enno legte den Füller hinein, das Fahrrad stellte Paul davor. Ich brachte die Märchen. Wir hatten schöne Geschenke, fand ich. Als Jesus hätte ich mich gefreut. Um so überraschter war ich über das, was die anderen brachten. Ich entdeckte ein paar Werbegeschenke. Zürmatt-Hotel stand darauf oder »Immer eine gute Versicherung«. Lea brachte eine angebrochene Packung Windeln, Lucas legte eine Tasse mit den Simpsons in die Krippe. Ich fand das alles popelig. Die anderen staunten nicht schlecht, als sie unsere Sachen sahen. »Das wollt ihr hergeben? Ihr seid doch bekloppt«, sagten sie. Das kann man doch selber brauchen.

Aber wir ließen uns nicht anfechten. Wir waren Könige.

Herz, Seel' und Mut,

nimm allles hin

und lass dir's wohlgefallen

23

Wo ist Weihnachten?

Es ist fast Weihnachten. Aber nur fast. Rita findet
»fast« schwer zu greifen. Leichter lassen sich die Tage
im Blick behalten, wenn man weiß, wie viele Nächte
man noch schlafen muss. Aber auch da kommt Rita
manchmal durcheinander. Ein sicheres Zeichen dafür,
dass wirklich bald Weihnachten ist, ist Mama. Mama
wird jeden Tag nervöser. Das merkt Rita genau. Sie
hat dann so einen komischen Ton in der Stimme. Zum
Beispiel vorhin: »Du musst dein Zimmer noch aufräumen«, hat Mama gesagt, und es hat irgendwie bedroh-
lich geklungen. Rita findet, ihr Zimmer ist aufgeräumt.
Deshalb fragt sie: »Warum?« Mama antwortet: »Weil

Weihnachten ist.« Der Zusammenhang leuchtet Rita nicht unmittelbar ein, doch weil Mama schon wieder diese Falte auf der Stirn hat, beschließt sie, besser den Mund zu halten.

Die Frage beschäftigt sie dennoch: Warum muss an Weihnachten alles aufgeräumt sein? Mama putzt seit drei Tagen, sogar den Staub auf den Lampen hat sie weggewischt, obwohl den doch nie jemand sehen kann, es sei denn, er wäre ein Riese. Abends stöhnt Mama: »Wenn das nur alles schon vorbei wäre!« Papa nickt zerstreut und liest Zeitung. Rita mag Weihnachten sehr. Natürlich wegen der Geschenke, aber nicht nur. Sie mag zum Beispiel das Gefühl von Zimtbaisers im Mund. Die zerfallen ganz merkwürdig, sodass man immer mehr essen will. Zimtbaisers gibt es nur an Weihnachten.

»Mama«, fragt Rita plötzlich, »wo ist eigentlich Weihnachten?«

Mama schaut auf. »Wie meinst du das? Wo soll es schon sein? In Bethlehem. Du kennst doch die Geschichte.«

»Warum müssen wir dann hier aufräumen?«

»Weil das kleine Jesuskind geboren wird, und da soll alles schön sein.«

»Das kleine Jesuskind kann gern mit meinen Sachen spielen«, sagt Rita und findet, das ist eine gute Lösung. »Ach Rita«, lächelt Mama, »das ist doch nur eine Geschichte ...«

»Wenn es nur eine Geschichte ist, ist es egal, wie mein Zimmer aussieht.«

Papa, der endlich in Ruhe lesen will, streicht Rita über den Kopf: »Schau, Schatz, Weihnachten ist da, wo Himmel und Erde sich küssen.« Er ist sehr stolz darauf, dass ihm eine so poetische Formulierung eingefallen ist. Tatsächlich schaut Rita ihn interessiert an. »Und wo ist das?«

»Das, meine Liebe, ist ein Geheimnis.«

Rita kraust ihre Stirn. »Wirklich?« Manchmal sagen Erwachsene solche Sachen einfach, nur weil sie ihre Ruhe haben wollen. Aber Papa nickt ernst: »Wirklich.«

In dieser Nacht kann Rita nicht schlafen. Wo Himmel und Erde sich küssen, wie schön das klingt. Das muss ein wunderbarer Ort sein. Wo soll das sein? Am Morgen hat Rita einen Beschluss gefasst. Sie will diesen Ort finden. Es sind Ferien und Mama ist froh, als Rita rausgeht. »Aber nicht zu weit, hörst du?« Rita nickt und steckt vorsichtshalber Louis in ihren Rucksack und einen Schokoriegel. Louis ist Ritas Tiger und sehr schlau. Als Erstes werden sie zum Bahnhof gehen. Dort hat Papa schon mal gefragt, wie man in die Berge kommt, und die Frau hinter dem Schalter wusste es. Außerdem hatte sie einen Computer und Computer wissen alles.

Rita wartet hinter einer alten Frau und einem schwarzen Mann, der dauernd auf seine Uhr guckt. Gut, dass sie es nicht eilig hat. Als sie dran ist, sieht sie, dass die Frau hinter dem Schalter eine andere ist als beim letzten Mal. Rita ist ein bisschen enttäuscht. Ob diese hier auch so viel weiß? Sie beschließt, es zu versuchen: »Wissen Sie, wie man dahin kommt, wo der Himmel die Erde küsst?«

»Abfahrtsort«, schnarrt die Frau, ohne aufzublicken. Rita muss einen Moment überlegen. »Am besten von hier.«

Die Frau hämmert etwas in ihren Computer. »Wann?«

»Ich weiß nicht«, stottert Rita, »immer.«

»Immer fahr'n keine Züge«, belehrt sie die Frau. »Nachts zwischen eins und vier ist Betriebspause.«

»Dann jetzt«, sagt Rita, denn zwischen eins und vier schläft sie ja sowieso.

»Zielort?«

»Ja, das weiß ich ja gerade nicht. Da, wo der Himmel die Erde küsst.« Die Frau tippt wieder etwas in ihren Computer. »Das hab'n wir nischt. Wahrscheinlich gibt es da keenen Bahnhof.« Die Frau muss sich täuschen. An so einen wichtigen Ort muss doch ein Zug fahren. Aber die Frau hat sich schon dem Mann hinter ihr zugewendet, und deshalb beschließt Rita, es woanders zu versuchen.

Sie geht in die Bücherei. Dort war sie schon ein paarmal mit Mama, deshalb weiß sie, dass da eine Million Bücher stehen. »Guten Tag«, sagt sie.

Der Mann hinter dem Tresen lächelt nett. »Was kann ich für dich tun?«

»Ich suche den Ort, wo Himmel und Erde sich küssen.«

»Hmm ...«, macht der Mann. »Müsste unter Geografie zu finden sein. Vielleicht auch unter Astronomie.

Hinten rechts.« Geografie steht im obersten Regal, da kommt Rita nicht ran, also kann es nicht richtig sein. Weihnachten ist für alle. Also muss auch jeder rankommen.

Unschlüssig kaut sie an ihrer Lippe. Louis schweigt.

Da hat Rita noch eine Idee: die Kirche! Frau Kleinhaupt hat gesagt, Gott weiß alles. Frau Kleinhaupt erzählt in der Kinderkirche immer Geschichten von Gott, also scheint sie ihn gut zu kennen. Und auch wenn Rita Frau Kleinhaupt ein bisschen komisch findet, weil sie ständig lächelt, beschließt Rita, es auf einen Versuch ankommen zu lassen.

In der Kirche ist es dämmrig. Vorne sind Leute. Sie versuchen eine Lichterkette um einen riesigen Tannenbaum zu wickeln. Rita ist ein bisschen erleichtert. Sie hatte sich schon gefragt, wie sie es macht, wenn nur Gott da ist. »Hallo«, sagt sie schüchtern. »Ich suche den Ort, wo Himmel und Erde sich küssen.«

»Das müsste bei Psalm 85 sein«, antwortet der Mann auf der Leiter geschäftig.

»Und wo finde ich den?«

»Komm einfach Sonntag in die Kinderkirche. Da erfährst du mehr.« Rita will nicht bis Sonntag warten. Der Mann steigt von seiner Leiter hinab, lächelt Rita an und sagt im Vorbeigehen: »Dann bekommst du auch einen Stern in dein Heft.« Dann verschwindet er hinter einer Tür. Rita will keinen Stern, sondern eine Antwort. Weil sie niemand mehr beachtet, schleicht sie hinaus und hockt sich auf die Treppen. Bald wird es dunkel.

Sie stützt den Kopf in die Hände und seufzt. Kann doch nicht sein, dass niemand Bescheid wusste! Sollte Papa am Ende alles nur erfunden haben?

»Hast du deine Puppe verloren?« Rita guckt hoch. Neben ihr sitzt ein Mann. Er muss schon die ganze Zeit da gewesen sein, denn vor ihm liegen eine Menge bunter Kreidestücke. Er hat ein Bild begonnen, das noch nicht fertig ist. Rita findet das seltsam. Nur Kinder malen mit Kreide. Außerdem spielt sie schon lange nicht mehr mit Puppen.

Sie schüttelt den Kopf. »Ich will wissen, wo Himmel und Erde sich küssen. Papa hat gesagt, da ist Weihnachten. Aber niemand weiß es.« Rita seufzt wieder.

»Aber, aber«, sagt der Mann. »Ich weiß es!«

Rita richtet sich auf. »Wirklich?« Der Mann nickt.

»Zeig es mir!«

»Heute ist es schon zu spät. Schau, es wird ja schon Abend. Wenn du morgen früh wiederkommst, zeige ich es dir.«

»Aber morgen ist Heiligabend.«

»Es ist nicht weit.«

In dieser Nacht kann Rita wieder kaum schlafen. »Morgen«, sagt sie beim Gute-Nacht-Sagen zu Papa, »morgen gehe ich dahin, wo Himmel und Erde sich küssen.«

Um sieben steht sie auf. Mama und Papa schlafen noch, und es ist auch noch dunkel. Ungeduldig zieht sie sich an und wartet, bis sie die Umrisse der Bäume erkennen kann. Leise schleicht sie sich hinaus. Sie will zurück zu den Kirchentreppen laufen, als sie es auf einmal sieht: Die gesamte Straße ist vollgemalt. Überall sind Kreuze so wie auf einer Schatzkarte und daneben steht »Hier« und »Hier« und wieder »Hier«. Rita läuft durch die leeren Straßen und entdeckt immer mehr Kreidekreuze. Ein tausendfaches »Hier«. Auf der Kreuzung und vorm Bäcker. Sogar vor den Mülltonnen. Hier küssen sich Himmel und Erde. Hier ist Weihnachten.

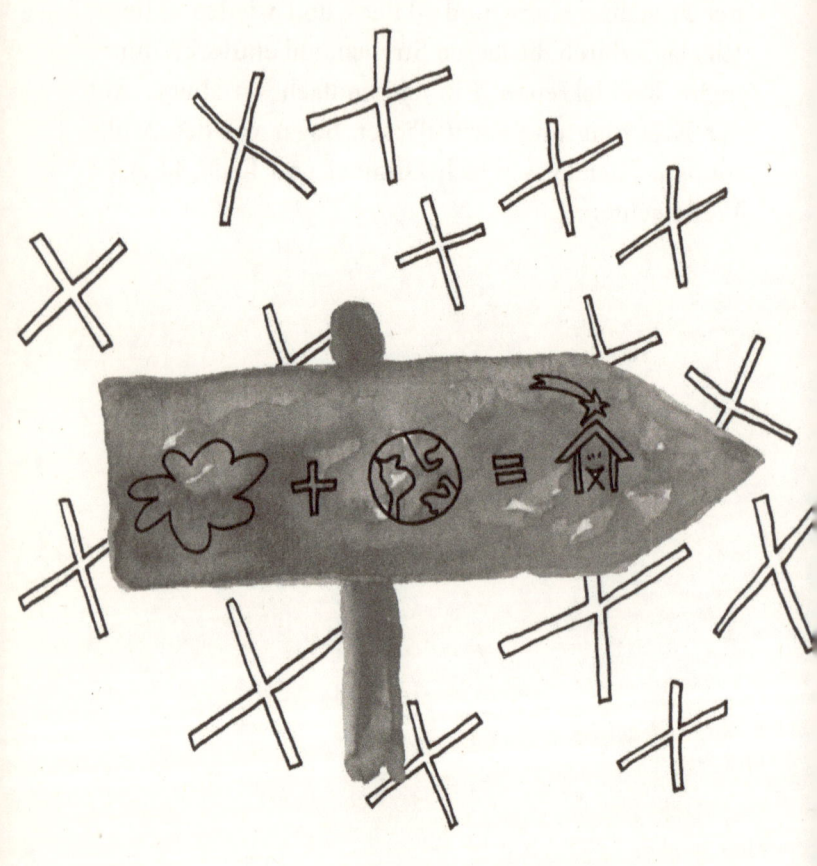

Kommet o kommet nach Bethlehem

24

Als Gott Windeln trug

Ich war mal klein. Ganz genau erinnere ich mich nicht mehr, aber ich nehme an, ich habe geschrien, wenn ich wütend war, gelacht, wenn sich ein freundlicher Mensch über mich beugte, und dass ich inkontinent war, machte mir nichts aus. Meine Neugier war groß. Hielt man mir etwas hin, untersuchte ich es genau. Ich hielt es für selbstverständlich, dass eine Kastanie, ein Löffel oder eine Klorolle gleichermaßen ein Geheimnis bereithalten konnten. Zwischen Polizisten, Prostituierten und Pastoren machte ich keinen Unterschied. Wer lächelte, war gut.

Dann kamen Zwischenprüfungen, verdorbene Fischgerichte, Menschen, die einfach auf Nimmerwiedersehen verschwanden, und ich wurde vorsichtiger. Ich glaube, so geht es vielen. Anfänge sind oft voller Zuversicht. Dann beginnt man zu verlernen:

- zu vertrauen, dass man aufgefangen wird, wenn man springt;
- einen Stift anzusetzen, eine Blume, ein Haus, einen Löwen zu malen, ohne zu denken: Das kann ich nicht;
- etwas zu tun, ohne vorher zu fragen, ob es sich lohnt;
- sein ohne übertriebene Scham;
- es nicht peinlich zu finden, zu weinen;
- einen so selbstbewusst eigenen Stil zu haben, der es erlaubt, eine lila Hose mit einem roten Pullover zu kombinieren.

Gott kam als Kinderseele zur Welt. Das ist merkwürdig. Er hätte diesen Schritt doch genauso gut überspringen können. Ein Gott, der in die Hose macht, kann schnell ein Autoritätsproblem kriegen. Trotzdem hat er sich in eine Krippe gelegt und sich den anderen überlassen. Die ihn wickeln, stillen, füttern. Die ihm zeigen, wie man geht, die ihn an sich drücken. Die ihn schützen vor dem Bösen, vor den Häschern und vor zu steilen Treppen.

Den Himmel, sagte er später, gibt es nur, wenn wir wieder wie Kinder werden. Wenn wir es wagen, klein zu sein, damit wir hineinkriechen können wie in eine

Höhle. Weil der Himmel keine Gernegroße braucht und keine Alles-Berechner. Die Erde auch nicht.

Vielleicht wollte er es allen zeigen. Vielleicht wollte er vormachen, wie das geht: Mach dich verletzbar. Nur so bist du echt. Hab Vertrauen. Lass dich tragen. Rechne nicht. Greif zu, wenn sich dir etwas bietet (und lerne, dass du nicht alles haben kannst). Bleib neugierig. Verwirf das Einfache nicht, vielleicht birgt es einen Schatz. Schäm dich nicht für dein Dasein. Lache, wenn du lachen willst, und weine, wenn du traurig bist. Vergiss die Wut nicht, sie gehört zu dir. Schlaf ist kein Zeichen von Faulheit. Miss dein Gegenüber nicht an seiner Kleidung (außer, sie glitzert sehr, da kann man schon mal schwach werden). Erlaube dir, keinen Brokkoli zu mögen. Fürchte das Scheitern nicht. Male, tanze, singe, wenn du willst. Frag, was du wissen willst. Wer nicht fragt, bleibt dumm. Spar dabei den Tod, das Ende der Welt (oder ihren Anfang), Wunder und andere Alltäglichkeiten nicht aus. Liebe deinen Körper. Es gibt dich nicht ohne ihn. Halte vieles für möglich.

Nun soll es werden
Friede auf Erden

Weihnachtslieder

S. 9: *Oh du fröhliche, oh du selige*, Text: Johannes Daniel Falk, 1768–1826

S. 16: *Stille Nacht, heilige Nacht*, Text: Joseph Mohr, 1787–1863

S 24: *Fröhliche Weihnacht überall*, Text: Heinrich Liebhart (verfasst ca. 1882)

S. 32 und S. 96: *Oh Heiland, reiß die Himmel auf*, Text wird Friedrich Spee (1591–1635), ca. 1622 zugeschrieben

S. 38 und 164: *Herbei, oh ihr Gläubigen*, Textfassung: Friedrich Heinrich Ranke, 1823

S. 45 und S. 70: *Tochter Zion*, Textfassung: Friedrich Heinrich Ranke (1798–1876)

S. 52: *Kling, Glöckchen, klingelingeling*, Text: Karl Enslin (1819–1875)

S.56: *Am Weihnachtsbaume die Lichter brennen*, Text: Herrman Kletke, vor 1841 verfasst

S. 63: *Was soll das bedeuten, es taget ja schon*, volkstümliches Weihnachtslied aus der Gegend von Oppeln und aus der Grafschaft Glatz

S. 76: *Macht hoch die Tür*, Text Georg Weissel (1590–1635)

S. 84: *Leise rieselt der Schnee*, Text: Pfarrer Eduard Ebel (1839–1905), 1895 verfasst

S. 90: *Vom Himmel hoch, da komm ich her*, Text: Martin Luther (1483–1546), 1535 verfasst

S. 102: *Joy to the world*, Text: Isaac Watts (1674–1748), 1719 verfasst

S. 108 und 168: *Kommet ihr Hirten*, Text: Carl Riedel (1827–1888), verfasst 1868

S. 112: *Wie soll ich dich empfangen*, Paul Gerhardt (1607–1676), erschienen erstmals im Jahr 1653

S. 118: *Stern über Bethlehem*, Text: Alfred Hans Zoller © Gustav Bosse Verlag, Kassel

S. 125: *Es ist ein Ros' entsprungen*, Textfassung: Michael Praetorius (1571–1621), 1609 verfasst

S. 134: *Alle Jahre wieder*, Text: 1837 von Wilhelm Hey (1789–1854), 1837 verfasst

S. 140: *Lobt Gott, ihr Christen alle gleich*, Text und Melodie: Nikolaus Herman (um 1500–1561), 1554 verfasst

S. 156: *Ich steh an deiner Krippen hier*, Text: Paul Gerhardt (1607–1676), ca. 1653 verfasst

Originelle und überraschende Weihnachtsgeschichten

160 Seiten | Kartoniert
ISBN 978-3-451-03215-8

Jesus klingelt – inkognito, versteht sich. Und Gott denkt über Reformen nach: Dieser Cola trinkende Kerl im roten Mantel, das ist einfach zu viel.
Vierundzwanzig ungewöhnliche Geschichten bringen Weihnachtsstimmung ins Haus – bunt, herzerwärmend und fantasievoll. Ein wunderbarer Begleiter durch die Adventszeit.

In jeder Buchhandlung!

HERDER

www.herder.de

Wie hole ich die Neugier zurück?

160 Seiten | Gebunden
mit Schutzumschlag
ISBN 978-3-451-38488-2

Susanne Niemeyer ist Schriftstellerin und lebt aus ihrer Kre-
ativität. Eines Abends sitzt sie auf dem Sofa und stellt fest:
Die Neugier ist weg. Also macht sie sich auf die Suche. Dieses
Buch ist das Logbuch ihrer Entdeckungsreise. Ein Buch, das
Mut macht, Fragen über Gott und die Welt zu stellen, Neues zu
versuchen und sich mit offenem Herzen ins Leben zu stürzen.
Eine Liebeserklärung an die Neugier.

In jeder Buchhandlung!

HERDER

www.herder.de

Kreative Denkanstöße mit Humor und Tiefgang

160 Seiten | Kartoniert
ISBN 978-3-451-03102-1

Mit kleinen Geschichten, Gedankenexperimenten und Alltags-
aufgaben nähert sich das Buch den großen Begriffen des Lebens: Freiheit und Verantwortung, Tod und Leben, Beten und
Beichten, Himmel und Ewigkeit. Der bittere Ernst bleibt dabei
in der Schublade: Es darf gekritzelt, gegrübelt und gelacht
werden.

In jeder Buchhandlung!

HERDER

www.herder.de

Mutig ist, die Welt trotzdem zu lieben

144 Seiten | Gebunden
mit Leseband
ISBN 978-3-451-37716-7

Was passiert, wenn wir unsere Komfortzone verlassen und
mutig in die Welt hinaus ziehen? In 40 Texten von Wagnissen
und Wundern, Aufbrüchen und Neuanfängen nimmt Susanne
Niemeyer ihre Leser mit auf diese Reise. Ein Buch, für Leute,
die Mut zum Träumen haben. Für das schönere, bessere,
wildere, für das echte Leben.

In jeder Buchhandlung!

HERDER

www.herder.de

Geschichten voller Trost und Hoffnung

SUSANNE NIEMEYER

Wie lang ist ewig?

Geschichten vom Trauern, Hoffen, Lieben

HERDER

128 Seiten | Gebunden
ISBN 978-3-451-38738-8

18 poetische und berührende Geschichten vom Leben, Sterben und Abschiednehmen erzählt Susanne Niemeyer in diesem Buch. Es sind Geschichten von Engeln ohne Flügel, Lindenduft in der Nacht, kostbaren Edelsteinen und einem großen Himmelshaus, in dem die Tür weit offen steht. Geschichten gegen die Angst und voller Trost und Hoffnung.

In jeder Buchhandlung!

HERDER

www.herder.de